Bon Travail !

Junior Certificate French

Geraldine McQuillan, Marie Stafford, Carmel Timmins

Edco
The Educational Company of Ireland

First published 2011
The Educational Company of Ireland
Ballymount Road
Walkinstown
Dublin 12
www.edco.ie

A member of the Smurfit Kappa Group plc

ISBN 978-1-84536-392-5

The paper used in this book comes from Managed Forests in Northern Europe For every tree felled, at least one new tree is planted

Editor: Naomi Laredo
Proofreaders: Danièle Bourdais, Isabelle Lemée
Design and Layout: Design Image
Cover Photography: Shutterstock
Photographs: Alamy, Corbis, Fotolia, Getty, iStock, Sébastian Agius, Shutterstock
Illustrations: Peter Donnelly, Kate Shannon, Emily Skinner

Teacher's CDs and script available from The Educational Company of Ireland

Speakers: Brice Barbier, François Crozat, Luc Dikansky, Marine Festa, Diane Mechani,
Edward McDonagh, Emily Nolan, Margaux Nouallet
Recorded in The Base Recording Studio

The authors thank all those who have supported and encouraged them in the writing of this book. A special word of thanks to our editors, Helen and Naomi, and all the staff of Edco for their assistance in the production and marketing of *Bon Travail ! 1*.

04A14

Salut !

Bon Travail ! 1 is a brand new edition of the first of a two-part series which covers the Department of Education and Skills curriculum for the Junior Certificate Examination.

The main aims of *Bon Travail ! 1* are:

- to help you to learn to understand and speak the French language;
- to discover how young people and their families live their daily lives;
- to make sure you are well prepared for all aspects of the Junior Certificate examination;
- to achieve all these aims in an enjoyable and pupil-friendly way.

This book has eleven units, each covering a different aspect of a French teenager's daily life. In each unit, you will

- learn vocabulary about the topic of the unit;
- hear how words, verbs and adjectives are pronounced;
- write exercises to practise what you have learned;
- do oral work;
- learn the necessary grammar rules;
- write letters, emails, postcards, etc.;
- learn about cultural aspects of France.

Fun exercises (quizzes, wordsearches, etc.), blogs and emails are included. There are tips on pronunciation, lists of the key words in each unit and test questions (**une épreuve**) at the end of each unit, which test you on what you have learned.

This book is accompanied by **CDs** and a word list, a *Lexique*, where you can look up words you are uncertain of and add new words which you have met while studying a unit. A *Teacher's Resource Booklet* and *Aural Pack* are also available for teachers.

For those who like to use the internet, websites are listed where you can find more information on the French way of life. *Bon Travail ! 1* is also available online at **www.edco.ie/bontravail1**. There are online exercises for pupils and a PowerPoint presentation for teachers to accompany each unit.

Finally, we wish you

Bon courage !

Table des matières

Pupil CDs – Track list

CD	Track numbers
CD 1	
Unité 1	Tracks 2–17
Unité 2	Tracks 18–30
Unité 3	Tracks 31–43
Unité 4	Tracks 44–57
Unité 5	Tracks 58–72
Unité 6	Tracks 73–86
CD 2	
Unité 7	Tracks 1–15
Unité 8	Tracks 16–28
Unité 9	Tracks 29–40
Unité 10	Tracks 41–52
Unité 11	Tracks 53–63

Note: To **rewind** within a track, press and *hold down* the 'Previous' button [<<] on your CD player. To **fast forward** within a track, press and *hold down* the 'Next' button [>>].

Introduction

Les personnages du livre

Thomas

Hi! My name is Thomas and I live with my family near Rouen. I'm thirteen years old. I started secondary school (le Collège Rousseau) last year. Rouen is a large city on the river Seine. You'll read more about me in this book.

Leila

My name is Leila. I'm fourteen years old and I go to Collège Émile Zola in Toulouse. I have lots of friends in my class and I hope you'll find out more about me in this book.

Nicolas

Hello! I'm Nicolas and I live with my family in Nantes. Nantes is on the river Loire, the longest river in France. I'm thirteen and I go to Collège Henri Matisse. I love music and of course I support our local football team, FC Nantes!

Camille

Bonjour! I'm Camille and I live in the 13th arrondissement of Paris. As Paris is such a big city, there's always lots to do and see. I'm thirteen and I go to Collège Claude Monet, which is quite close to our apartment.

Malik

Salut! I'm Malik and I live with my family in the south of France, in the city of Nice. I love sport and spend lots of time with my friends doing sport. I'm thirteen years old. I've been learning English and have been to London once, to visit cousins who live there.

Manon

My name is Manon and I live near Grenoble, which is in the heart of the winter sports region of France. My school is called Collège Simone de Beauvoir and I go there by school bus every day. You will learn more about me and my friends in the units of this book.

Un petit Tour de France

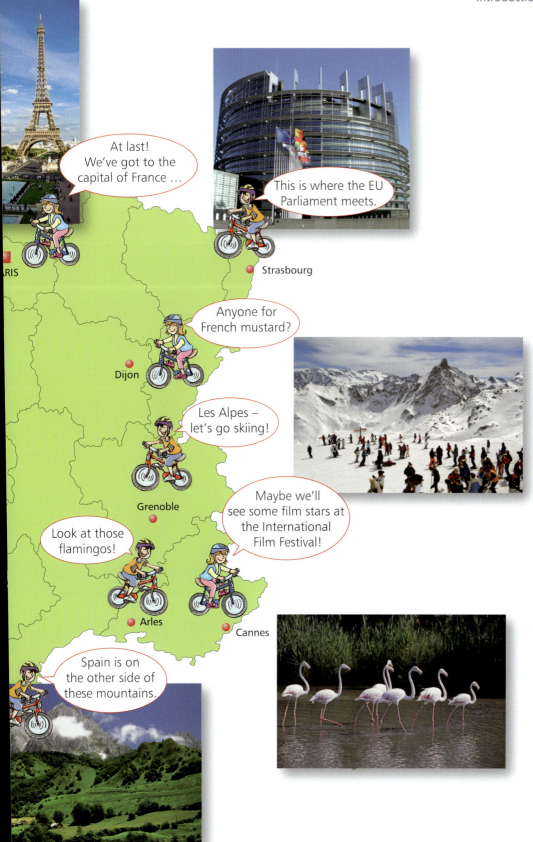

At last!
We've got to the
capital of France …

This is where the EU
Parliament meets.

Strasbourg

Anyone for
French mustard?

Dijon

Les Alpes –
let's go skiing!

Grenoble

Maybe we'll
see some film stars at
the International
Film Festival!

Look at those
flamingos!

Arles

Cannes

Spain is on
the other side of
these mountains.

Puzzle – La France

Can you solve this puzzle? Match up the place names on the left with the information on the right.

1	Le Mans		a	some of Europe's finest surfing beaches
2	Cannes		b	home to the European Parliament
3	Rennes		c	you'll find lots of snow for skiing here
4	Dijon		d	you'll find pink flamingos near here
5	Grenoble		e	the centre of mustard production
6	Biarritz		f	international film festival
7	Arles		g	24-hour car racing
8	Strasbourg		h	delicious pancakes

1	2	3	4	5	6	7	8

Is it French?

Just how much French do you already know? Here are twenty words which we use every day. Which of them are French? Write the answers in your copy.

school   menu   hotel   teacher   chef

door   omelette   man   clarinet   dessert

plate   serviette   tablecloth   casserole   kettle

quiche   stew   mousse   bicycle   justice

Did you know …?

More than 63 million people live in France.

Every year, 76 million overseas tourists visit France.

France is often known as L'Hexagone, because the country has a six-sided shape. There is a hexagon on the back of the French euro coin.

A French sculptor, Frédéric Bartholdi, designed the Statue of Liberty. It was given as a present to the United States by the French people in 1889.

Mont Blanc, 4807m, is the highest mountain in western Europe.

The French national anthem is called La Marseillaise. It was composed by Claude Rouget de Lisle in 1792.

In international matches, French sportsmen and women wear this symbol on their sports gear.

There are over 60 million pets in France.

The motto of France is Liberté, Égalité, Fraternité. It dates from the time of the French Revolution in 1789. It means 'Freedom, Equality and Brotherhood'.

At twelve kilometres, the beach at La Baule, in Brittany, is the longest in Europe.

Martin is the most common family name in France.

Monsieur et Madame Martin,
94 bis, Résidence de la Plage,
11210 Port-la-Nouvelle,
France

Complete the following sentences using the information above.

1   The most popular family name in France is _____.
2   _____ is the name of the French national anthem.
3   France has _____ million inhabitants.
4   The highest mountain in western Europe is called _____.
5   There is a _____ on the back of the French euro coin.

Un petit quiz

1

2

3

4

5

1 **Qu'est-ce que c'est ?**
- a C'est le drapeau français.
- b C'est le drapeau italien.

2 **Qu'est-ce que c'est ?**
- a C'est un croissant.
- b C'est une crêpe.

3 **C'est qui ?**
- a C'est Nicolas Sarkozy.
- b C'est Napoléon Bonaparte.

4 **Qu'est-ce que c'est ?**
- a C'est un magasin.
- b C'est un hôtel.

5 **Qu'est-ce que c'est ?**
- a C'est le Stade de France.
- b C'est le stade de Croke Park.

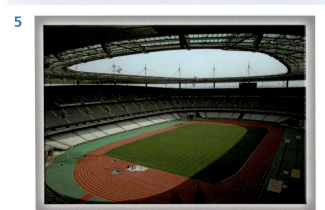

6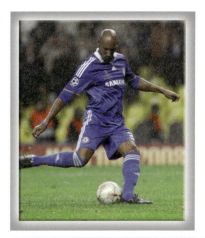

7

6 **C'est qui?**
a   C'est Wayne Rooney.
b   C'est Nicolas Anelka.

□

7 **Qu'est-ce que c'est?**
a   C'est une Renault.
b   C'est une Fiat.

□

8

8 **C'est qui?**
a   C'est Miley Cyrus.
b   C'est Avril Lavigne.

□

9 **Qu'est-ce que c'est?**
a   C'est la tour Eiffel.
b   C'est la tour Montparnasse.

□

9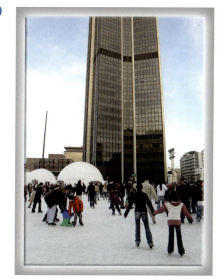

10 **Qui est-ce?**
a   C'est Astérix.
b   C'est le Petit Nicolas.

□

10

Résultats
8–10 points: excellent
5–7 points: super
1–4 points: bon

Logos

Listening activity

Cultural aspects of France

Reading activity

Dictionary

Writing activity

Grammar

Speaking activity

Pronunciation

Did you know?

Classroom instructions

Civilisation : Hello and goodbye

Saying hello

When you want to say *hello* in French, there are two words you can use*:* bonjour or salut.

▶ Salut is more informal, like *hi*, and is used more often by young people. It can be followed by Ça va?, which means *How are you?* The reply is usually Oui, ça va, merci – *I'm fine, thanks.*

Salut! Ça va ?

Salut!
Oui, ça va, merci.

▶ French people who know each other very well either kiss or shake hands when they meet. For example, when young people meet their friends in school or on the street, they shake hands with them or kiss them on the cheek.

Bonjour monsieur !

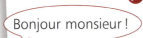

▶ Bonjour is slightly more formal. You use it to say *hello* to people who are older than yourself, or people you don't know very well. You would use it in school for teachers, and in shops for the people who serve you. When speaking to a man you add monsieur and when talking to a woman you add madame.

▶ In the evening, you say bonsoir – *good evening.*

Au revoir Sylvie !

Au revoir Philippe !
À demain !

Saying goodbye

▶ When you want to say *goodbye* to someone, you usually say au revoir. You may add À bientôt – *See you soon* – or À demain – *See you tomorrow*.

1.1 Écoutons maintenant !

Listen to these French people saying hello and goodbye to one another.

1
– Salut Thomas !
– Salut Lucie !

2
– Salut Nicole ! Ça va ?
– Salut Lucie ! Oui, ça va, merci.

3
– Bonjour Thomas !
– Bonjour monsieur !

4
– Bonjour mes élèves !
– Bonjour madame !

5
– Au revoir Thomas !
– Au revoir Lucie ! À demain !

6
– Bonsoir Papa ! Ça va ?
– Bonsoir Lucie ! Oui, ça va, merci.

Exercice 1

Fill in the gaps in the following conversations with the appropriate greetings.

_____ Luc !
Oui, _____ va, _____.

S_____ Léa !
Ça _____ ?

_____ Julie !
_____ va ?

_____ Maman !
Oui, _____ _____, merci.

1

2

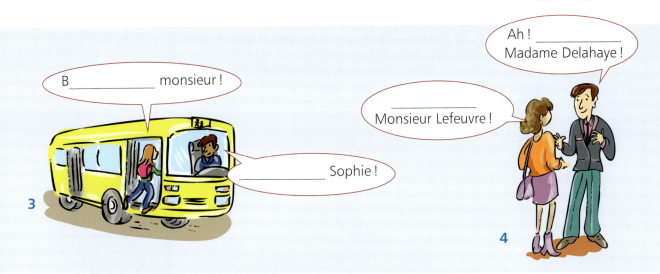

Comment tu t'appelles ?

When you want to find out somebody's name, you ask them Comment tu t'appelles ? – *What are you called?* The reply is Je m'appelle … – *I'm called …*

1.2 Écoutons maintenant !

Listen to these people giving their names and complete the speech bubble for each person.

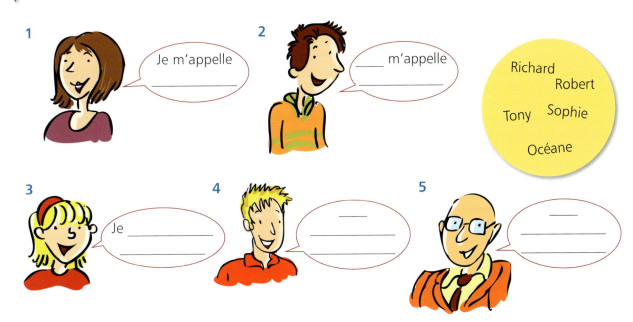

Parlons maintenant !

Take turns to ask the person beside you his or her name and listen to the reply.
You can use a name other than your own if you wish.

Asking where you live – Tu habites où ?

To ask somebody where they live, you say Tu habites où ? The reply is J'habite à …
– *I live in …*

1.3 Écoutons maintenant !

Listen to these eight people introducing themselves. Fill in the name of the place where each person lives.

1 Thomas

Rouen
PARIS
Nantes
La Rochelle
Lyon
Grenoble
Toulouse
Nice

8 Monsieur Richard

2 Nicolas

7 Camille

3 Malik

4 Madame Dupont

5 Manon

6 Leila

Écrivons maintenant !

Write sentences using the information you heard in exercise 1.3.
Exemple : Je m'appelle Thomas. J'habite à Rouen.

Lisons maintenant !

Read this conversation between Martin and Louis, who have met for the first time at a football coaching camp.

Martin :   Bonjour !
Louis :   Bonjour ! Comment tu t'appelles ?
Martin :   Je m'appelle Martin. Et toi ?
Louis :   Je m'appelle Louis.
Martin :   Tu habites où ?
Louis :   J'habite à Rennes.
Martin :   Moi, j'habite à Lille.

Parlons maintenant !

Now it's your turn! Using the above conversation as an example, you and your partner can pretend to be one of the following pairs. Your teacher might select which pair you are.

a   Luc from Paris – Julie from Nice
b   Sophie from Toulouse – Chloé from Strasbourg
c   Paul from Cherbourg – Camille from Lyon
d   Max from Dijon – Alex from La Rochelle

Civilisation : Carte d'identité

All French people, even young people, have a carte d'identité. This is like a passport and carries the owner's photograph. It gives their surname (nom de famille), first name (prénom), where they live, their date of birth and their height.

Exercice 2

Complete cartes d'identité for the following people.

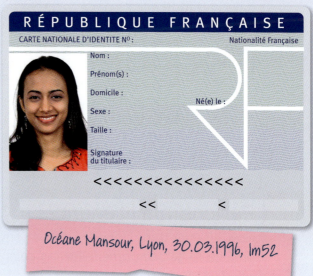

Éric Rocher, Nice, 12.05.1999, 1m75

Océane Mansour, Lyon, 30.03.1996, 1m52

Exercice 3

Make an identity card for yourself based on those above. You could use cardboard from some packaging. These could be put up on the wall of your classroom.

Les nombres

Here are the numbers 0–10.

1.4 Écoutons et répétons maintenant !

Listen to the numbers from 0 to 10. Repeat them as you hear them.

dix
neuf
huit
sept
six
cinq
quatre
trois
deux
un
zéro

Exercice 4

Unscramble the words and write out these numbers between 1 and 10 correctly.

a   qinc   b   epst   c   nefu   d   huti   e   dxeu   f   atrque

_____   _____   _____   _____   _____   _____

1.5 Écoutons maintenant !

Write down the six French numbers in words as you hear them.

a   _____   b   _____   c   _____

d   _____   e   _____   f   _____

Parlons maintenant !

Give the answers to these sums in French.

| 2 + 2 = | 4 + 3 = | 5 + 4 = | 10 − 4 = |
| 8 − 7 = | 4 × 2 = | 1 × 5 = | 6 ÷ 3 = |

1.6 Écoutons maintenant !

Write down the final scores for last weekend's football matches.

a		b		c		d		e	
Toulouse v Le Mans UC		UGC Nice v Stade Rennais		Lens v FC Lorient		Paris St-Germain v St-Étienne		Olympique Lyonnais v Auxerre	

1.7 Écoutons et répétons maintenant !

Now listen to the numbers from 11 to 20 and repeat.

| 11 | 12 | 13 | 14 | 15 | 16 | 17 | 18 | 19 | 20 |
| onze | douze | treize | quatorze | quinze | seize | dix-sept | dix-huit | dix-neuf | vingt |

Exercice 5

Match the words below to the correct price tags.

dix-sept
quatorze
douze
vingt
onze
quinze

 ## 1.8 Écoutons maintenant !

Listen and fill in the results of these games.

a		b		c		d		e	
Biarritz v Édimbourg		Brive v Ulster		Perpignan v Leinster		Clermont Auvergne v Munster		Stade Français v Bath	

Exercice 6

How many items are there in each picture? Write the number in French.

1 _____

3 _____

5 _____

2 _____

4 _____

6 _____

 ## Parlons maintenant !

Practise reading the following numbers out loud.

3   6   9   11   15   17   19   20

1.9 Écoutons maintenant !

It can be hard to distinguish some of the French numbers from each other. Listen to the numbers and tick the ones you hear.

un		deux		trois		quatre		cinq		six	
une		douze		treize		quatorze		quinze		seize	

Un peu de fun !

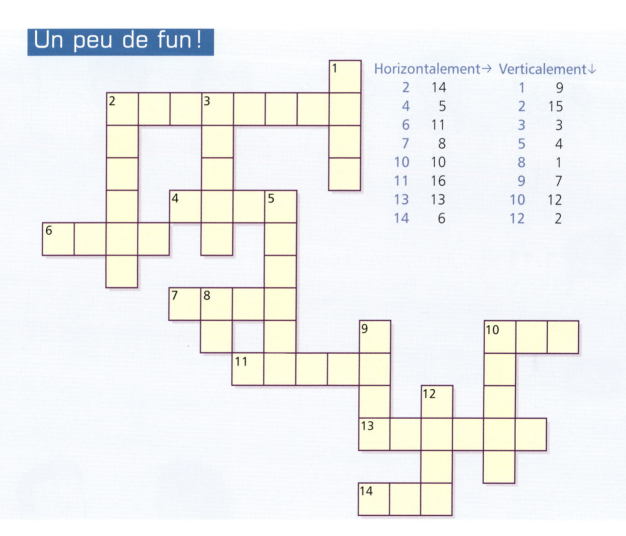

Horizontalement→		Verticalement↓	
2	14	1	9
4	5	2	15
6	11	3	3
7	8	5	4
10	10	8	1
11	16	9	7
13	13	10	12
14	6	12	2

1.10 Écoutons maintenant !

Draw a bingo card (three squares across and three squares down). Fill in nine numbers of your choice between 1 and 20. Now listen and tick the numbers as you hear them called out. When you have completed your card you can call « Quine ! »

Tu as quel âge?

Now that you know the numbers 1–20, you can tell someone your age, as well as saying your name and where you live. The phrase you need to know is: J'ai … ans.

Exercice 7

Fill in these people's ages.

J'ai quatre ans.

J'ai seize ans.

J'ai dix ans.

J'ai douze ans.

J'ai quatorze ans.

J'ai dix-huit ans.

| Suzanne | Philippe | Fabien | Noémie | Tony | Claire |

1.11 Écoutons maintenant!

Listen to these people introducing themselves and fill in their ages.

Sophie		Jean		Yasmina		Louis		Marine		Kévin	

Lisons maintenant!

Malika is a new girl in the Collège Pascal. Laurent is interviewing her for the school radio. Read their conversation.

Laurent:	Salut! Je m'appelle Laurent Dubois. Bienvenue au Collège Pascal!
Malika:	Merci, Laurent.
Laurent:	Comment tu t'appelles?
Malika:	Je m'appelle Malika Nasri.
Laurent:	Tu as quel âge, Malika?
Malika:	J'ai quatorze ans.
Laurent:	Et tu habites où?
Malika:	J'habite à Versailles.

Exercice 8

Write the letter of the correct answer in the box.

1　Malika's family name is　　a　Pascal　　b　Dubois　　c　Nasri. ☐

2　a　Laurent is 14 years old.　b　Malika is 14 years old.　c　Malika is 15 years old. ☐

3　Malika lives in　　a　Versailles　b　Nasri　　c　Pascal. ☐

Parlons maintenant !

Pretend you are in France and are being interviewed by the local radio station. Using Thomas and Malika's interview as an example, give details about yourself. You and your partner can take turns being the interviewer and the interviewee. You can pretend to be somebody else if you like: here are some suggestions.

Shona Duggan,
14 years old, Wicklow

Hannah O'Brien,
13 years old, Tuam

Richard Armstrong,
12 years old, Dundalk

Sean McCarthy,
13 years old, Sligo

Denise Cullen,
13 years old, Carlow

Ruth O'Leary,
14 years old, Enniscorthy

L'alphabet français

1.12 Écoutons et répétons maintenant!

(a) Écoutez et répétez l'alphabet français.

a b c d e f g

h i j k l m n o p

q r s t u v

w x y z

A B C D E F G
H I J K L M N
O P Q R S T U
V W X Y Z

(b) Now listen to the vowels.

a e i o u y

(c) Listen to the consonants and circle with a pencil those that sound like their English counterparts.

b c d f g h j   **k l m n p q r**   **s t v w x z**

Les accents

There are three accents in French, which can be written **on** vowels. They affect the way words are pronounced.

accent aigu: é   accent grave: à, è, ù   accent circonflexe: â, ê, î, ô, û

A fourth accent, the cédille, is sometimes written under the letter 'c'. It looks like a small apostrophe: ç. The cédille softens the letter 'c' to make it sound like the 'c' in the English word 'face'.

1.13 Écoutons maintenant!

Listen to these French people spelling their names.

Je m'appelle S A R A H.
Je m'appelle P H I L I P P E.
Je m'appelle A L E X I S.
Je m'appelle N I C O L A S.
Je m'appelle Y A S M I N A.

1.14 Écoutons maintenant !

Now listen to the following names and see if you can fill in the missing letters. There are four first names (prénoms) and four surnames (noms de famille).

1   M __ C H __ L   2   J __ L __ __   3   M __ __ A
4   L A __ R __ N __   5   D __ P __ N __   6   B __ __ A __ D
7   L __ C __ __ R C   8   __ R B __ __ N

Parlons maintenant !

(a)   Spell your own first name and family name.
(b)   Spell out the name of somebody famous and see if your partner recognises it.

Many Irish surnames are of French origin, for example names beginning with 'Fitz' (fils is the French word for son) such as Fitzgerald, Fitzgibbons, Fitzmaurice and Fitzpatrick, and the names Delamere, Delahaye, de Courcey, de Lacey, Lambert and Roche.

Coin grammaire

Rappel!
Remember! Grammar rules are there to help you, so it is important to learn each rule.

Nouns (les noms)

- A noun is the name we give to a person (Ruth, Luke, girl, uncle), a place (Cork, Greece, house, school) or a thing (bag, flower, car, television). It is the word that gives a name to somebody or something.
- All nouns have a **gender**. In French there are **two** genders, **masculine** and **feminine** (there is no neuter, as in English).
- Nouns can be **singular** (one person or thing) or **plural** (more than one person or thing).
- When you are learning a new noun in French, always learn whether it is masculine or feminine. You can find this information in a dictionary or your *Lexique*.

crayon (masculin)

trousse (féminin)

Articles (les articles)

- The **definite** article 'the' points out a particular person or thing. For example, you might say 'She is **the** girl who lives next door'. You are being very definite about that girl. On the other hand, if you say 'She's **a** girl who lives in Kilkenny', she might be one of many.

The definite article (l'article défini)

- In French there are **three** ways of saying 'the':
  1. **le** is used for masculine singular nouns
  2. **la** is used for feminine singular nouns
  3. **les** is used for all plural nouns.
- **Le** and **la** are shortened to **l'** before a singular noun starting with a **vowel** or a **silent 'h'**.

 1.15 Écoutons et répétons maintenant !

(a) Listen and repeat these words.

1 le café (m.)

2 la femme (f.)

3 le garçon (m.)

4 les fleurs (f.pl.) 5 l'homme (m.)

6 les croissants (m.pl.)

The letter '**h**' at the beginning of a French word is generally not pronounced, e.g. <u>h</u>abiter, <u>h</u>uit, <u>h</u>omme, <u>h</u>ôtel.

7 les filles (f.pl.) 8 le portable (m.)

(b) Listen and put the missing article in front of each of the following words.

1 _____ chat   2 _____ élève   3 _____ tables   4 _____ porte

5 _____ hôtel   6 _____ crayons   7 _____ cahier   8 _____ trousse

Coin dictionnaire

As well as telling you the meaning of words, dictionaries also give you other useful information:

- Dictionaries will tell you whether a noun is masculine or feminine. They usually use **nm** or **nf**, meaning that the **noun** is **masculine** or **feminine**. You will often find a guide to pronunciation, given in brackets after the word.
- Some larger dictionaries also give lists of irregular verbs, tips on pronunciation, and lists of abbreviations and symbols.

lundi *nm* Monday. Le ~ de Pâques/de Pentecôte Easter
lune *nf* (la) *(lit)* moon. **pleine/nouvelle** ~ full/new moon; **nuit sans** ~ moonless night; ~ **rousse** April moon; **croissant/quartier de** ~ crescent/quarter moon.

Exercice 9

(a) Look up these words in your dictionary. Are they masculine or feminine? Make three headings in your copy, labelled **le**, **la** and **l'**. Write each noun under the correct heading and add what it means in English.

ordinateur	voiture	enfant	carte
Europe	lecteur CD	professeur	matière

(b) Now look up these words in your dictionary and find their French equivalents. Write out the French words in your copy with the correct definite article (**le**, **la**, **l'** or **les**).

friend	office	school	schoolbag	maps
mother	father	ruler	house	brothers

Coin grammaire : Verbs (les verbes)

Why do we use a verb?

- Verbs are an essential part of every sentence. If you said 'The boy … on the bus' or 'Caoimhe … her friend', no one would understand you. The verb is missing from each sentence. The verb is the action or doing word. If you say 'The boy **gets** on the bus' or 'Caoimhe **texts** her friend', everything is clear.

Subject pronouns (les pronoms personnels sujets)

- The person or thing doing the action is called the **subject** of the sentence. It can be a **noun** (un nom) – the boy, Caoimhe, my teachers – or a **pronoun** (un pronom) – we, she, they.
- The French subject pronouns are:

singular pronouns		plural pronouns	
je	*I*	nous	*we*
tu	*you (one person: informal form)*	vous	*you (one person: formal form, or more than one person)*
il	*he/it (masculine)*	ils	*they (masculine)*
elle	*she/it (feminine)*	elles	*they (feminine)*

- The French also use the pronoun on when they want to say *someone/somebody* or *people in general*. You will learn about this later on.

The infinitive (l'infinitif)

- When you look up a verb in the dictionary, the form you will find is called **the infinitive** (l'infinitif).
- The tense of a verb tells you when an action is done, e.g. present tense = what **is** happening, future tense = what **will** happen.

Verb groups

- French verbs in the infinitive have one of the following endings:

Group 1	Group 2	Group 3
-ER ending	-IR ending	-RE ending

- Each group follows a particular set of rules to make its various tenses, which means that if you learn the rule for one verb from each group you know the rule for all the other regular verbs in that group.
- There are other verbs ending in -er, -ir or -re which do not follow all the rules for their group. These are called **irregular verbs** and have to be learned individually.

Exercice 10

Make three columns in your copy, **-er**, **-ir**, **-re**, and put each of these verbs into the correct column.

| écouter | parler | habiter | frémir | finir |

| vendre | jouer | regarder | choisir | attendre |

- When you remove the ending **-er**, **-ir** or **-re** from the infinitive, the part you are left with is called the **stem** (or **root**).

Stage 1
You take the verb and remove its ending.

Stage 2
You are now left with the stems:

regard-
fin-
répond-

Stage 3
Then you add the tense endings you need, which you will learn in future units.

Exercice 11

Take the ten verbs from Exercice 10 and write the stem of each one.

Civilisation : 'tu' and 'vous'

You will have noticed that in the list of subject pronouns there were two words for 'you' in French.

Tu

Someone you know well: a member of your family; a friend or a person your own age

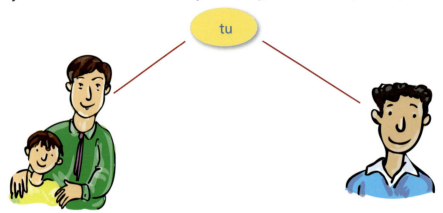

Vous

More than one person or someone you do not know well: an older person who is not a member of your family; a group of people

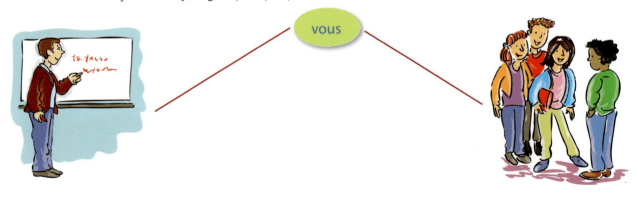

Exercice 12

Would you use **tu** or **vous** when speaking to the following people?

1	your best friend _____	6	your doctor _____
2	your teacher _____	7	a shop assistant _____
3	your cousin _____	8	an elderly neighbour _____
4	a waiter _____	9	the child living next door _____
5	your brother _____	10	the driver on your school bus _____

Exercice 13

Match each picture with the correct speech bubble.

1

☐

2

☐

3

☐

4

☐

5

☐

6

☐

a
> Vous attendez l'autobus numéro 6 ?

b
> Vous mangez une glace ?

c
> Vous vendez des magazines de foot ?

d
> Tu écoutes la radio, Mamie ?

e
> Tu habites en Chine ?

f
> Tu aimes les Simpson ?

Exercice 14

Remember the rule for tu and vous? Complete the greetings below, using either Comment vas-tu ? or Comment allez-vous ?

1   Bonjour madame !   _____
2   Salut Nicolas !   _____
3   Bonjour monsieur l'agent !   _____
4   Salut Oncle Claude !   _____
5   Paul et Jean !   _____

1.16 Écoutons et écrivons maintenant !

Here is a letter from Lisette to her new Irish pen-pal, who is called Aisling. Unfortunately, her little brother spilled some orange juice on the page and some of the words have become unclear! Listen to Lisette and fill in the missing words. You will find the words you need in the box below.

> âge   ans   correspondante   France
> habites   m'appelle   professeur   douze

Bouzic, le ⬤ mai

Chère Aisling,

Je suis ta nouvelle ⬤. Mon ⬤ m'a donné ton adresse.

Je me présente. Je ⬤ Lisette Appéré. J'ai douze ⬤.

J'habite à Bouzic, en ⬤. Et toi ? Tu as quel ⬤ ?

Tu ⬤ où en Irlande ?

Amitiés,
Lisette

Écrivons maintenant !

Using Lisette's letter as an example, write to your new French-speaking correspondant(e), Alexis or Alexia. Tell Alexis or Alexia your name, your age and where you live. Ask him or her some questions.

Attention!
Comment vas-tu ? and Comment allez-vous ? *(How are you?)* are used to greet people.
Ça va ? is only used in a casual way, when talking to friends.

?
A pen-pal is called a **correspondant(e)** in French.

Attention!
When you are writing to a boy, you use the word **cher** for *dear*; when writing to a girl, you use **chère**.

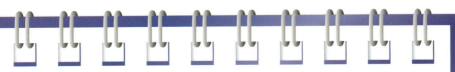

Mots clés – apprenez par cœur !

au revoir !	l'enfant (m./f.)	madame (f.)
bonjour !	la fille (f.)	monsieur (m.)
bonsoir !	le garçon (m.)	salut !
le cahier (m.)	le livre (m.)	le stylo (m.)

Communication en classe

Bonjour !
Je fais l'appel.

Présente.

Présent.

Tony est absent.

Merci, Marc.

Sortez vos cahiers,
s'il vous plaît !

Tu as ton cahier ?

Oui, madame.

Ouvrez vos livres,
s'il vous plaît !

Épreuve

Question 1

You will hear six people introducing themselves. Copy the headings below into your copybook and then listen to what they say and fill in their personal details.

first name	age	lives in
Luc	13	Rennes

Question 2

Can you find the French words for the numbers below (between 1 and 20) in the mots cachés?

d	j	t	x	m	x	d	d	h	e	j	v	a	p	m
e	i	o	p	s	a	i	f	o	n	z	e	s	p	t
z	a	x	r	e	x	x	v	w	p	c	i	f	b	e
n	i	f	s	n	s	h	j	n	o	s	l	e	w	e
i	h	w	e	e	m	u	e	r	t	a	u	q	r	b
u	q	u	v	u	p	i	v	d	q	i	z	z	o	t
q	f	r	i	r	a	t	e	i	z	s	f	b	m	b
p	d	o	n	v	j	u	t	c	i	u	e	f	w	v
d	r	h	g	m	x	m	f	t	a	l	v	i	m	i
v	v	n	t	s	n	u	s	i	a	d	x	v	z	d
s	t	n	i	v	e	p	q	u	a	t	o	r	z	e
i	i	o	q	n	i	c	l	h	o	n	d	s	d	d
z	r	x	y	p	o	n	y	d	p	r	i	h	z	m
t	z	d	o	u	z	e	o	q	m	j	x	m	v	g
i	u	m	s	v	z	f	y	d	l	u	m	d	a	x

cinq
deux
dix
dix-huit
dix-neuf
dix-sept
douze
huit
neuf
onze
quatorze
quatre
quinze
seize
sept
six
treize
trois
vingt

Question 3

Listen to the names of six French towns being spelled out and write them down.

1 _____   2 _____

3 _____   4 _____

5 _____   6 _____

Question 4

Put the correct French accents on these words.

cafe	hotel	eleve	francais	Asterix	garcon

For help with this exercise, see page 20.

Question 5

(a) le/la/les? Draw the grid below in your copy and put the nouns in the yellow box in the correct column.

masculine singular	feminine singular	plural

> la banque   les maisons   les baskets   l'élève   les magasins   le portable
> le lecteur CD   le cartable   la pharmacie   l'ordinateur

(b) Using a dictionary or your *Lexique*, look up the meanings of the words above and write them in your copy.

For help with this exercise, see page 21.

Question 6

(a) Find the stems of these verbs.

> aimer   choisir   mordre   chercher   perdre
> remplir   marcher   saisir   répondre

(b) Write down their meanings in your copy. You can use a dictionary or your *Lexique*.

For help with this exercise, see page 25.

Question 7

Listen to what is being said in the classroom and write out a caption for each of these illustrations.

1

2

3

4

5

1 _____

2 _____

3 _____

4 _____

5 _____

Question 8

Fill in the blanks in this introductory letter to a correspondant(e).

For help with this exercise, see page 28.

Portlaoise, le seize novembre

_____ Alex,

Je suis ton nouveau _____. Mon _____ m'a donné ton adresse.

Je me _____. Je _____ Sean. J'ai douze _____.

J'habite à Portlaoise en Irlande.

Et toi ? Tu _____ quel âge ? Tu habites où en _____ ?

Amitiés,

Sean

Visit
www.edco.ie/bontravail1
for interactive revision exercises

Unité 2
Allons en classe !

 Civilisation : L'école

L'école maternelle

● In France, the pre-school is called l'école maternelle. It is attended by 99% of all three-year-olds, and children remain in the maternelle until they are six years old.

● Most of these schools are open from 8:30 a.m. until 4:30 p.m. Children attend pre-school four days a week: Monday, Tuesday, Thursday and Friday. On Wednesdays activities are organised either by sports and cultural organisations or in special activity centres called centres aérés.

● In most French schools, pupils eat in la cantine at lunchtime. They can choose from a menu which changes each day.

As in most European countries, schooling is compulsory between the ages of six and sixteen in France.

L'école primaire

● At the age of six, children begin l'école primaire (also known as l'école élémentaire), which they attend for five years. Here they spend a full day, until 4:30–5 p.m. Again, school is only on four days, Monday, Tuesday, Thursday and Friday, and special activities are organised for Wednesdays. Primary-school pupils are called les élèves.

● At primary school, pupils learn three main groups of subjects:
1   languages, history and geography, civic studies
2   maths, science, technology
3   physical education and sport, arts and crafts, music.

Le collège

▶ At the age of eleven, children move to le collège, where they spend four years studying for le diplôme national du brevet (DNB), often called le brevet for short. This exam is like our Junior Certificate. In Ireland, we name our classes 1st–6th year, but the French system is the opposite: the first year in collège is called la sixième, followed by la cinquième, la quatrième and la troisième.

▶ If pupils have to travel to another town, they use the school bus, le car scolaire. Classes generally take place five days a week, with many schools having a half day on Wednesdays. Since 2010, an experiment has been running in selected schools throughout France whereby academic subjects such as maths, French and sciences are taught in the mornings and less demanding subjects such as PE, art, music and civic education in the afternoons.

At the end of each school year, teachers meet to decide whether a pupil is ready to move on to the next year. If they are not satisfied, a pupil may have to repeat the year – this is called **redoubler**.

les classes au collège	âge
sixième	11–12 ans
cinquième	12–13 ans
quatrième	13–14 ans
troisième	14–15 ans

2.1 Écoutons maintenant !

Listen to these six pupils and write down their age and which school year they are in.

prénom	âge	année scolaire
Lucien		
Anne		
Léo		
Alexandre		
Audrey		

Le lycée

 Having completed le brevet, French students move to another school, called le lycée. Le lycée is like an American high school or a sixth-form college in Britain. They are usually very large, with as many as 2,000 students. There are just three year groups in a lycée.

les classes au lycée	âge
seconde	15–16 ans
première	16–17 ans
terminale	17–18 ans

 Students spend the three years studying for their final exam, called le baccalauréat (or le bac), which is similar to our Leaving Certificate.

Les devoirs

Just like you, French pupils have homework, les devoirs, to do most evenings. Here are some instructions a teacher might give.

dessinez   écrivez   répondez

apprenez   lisez   écoutez

There is no school uniform in French schools. There is, however, a strict code which forbids the wearing of any religious clothing or symbols during class hours. This has sometimes caused controversy in France.

 2.2 Écoutons maintenant !

(a) Match each number to the correct letter to make a sentence.

1 Dessinez	a l'article dans le magazine !
2 Écrivez	b à la question 3 !
3 Répondez	c l'alphabet français !
4 Apprenez	d l'exercice 2 dans le cahier !
5 Lisez	e la musique !
6 Écoutez	f une carte de France !

1	
2	
3	
4	
5	
6	

(b) Now listen to see if you were right.

La salle de classe (1)

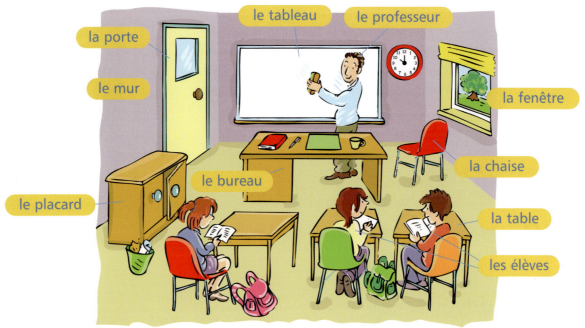

la porte   le tableau   le professeur   le mur   la fenêtre   la chaise   le bureau   le placard   la table   les élèves

2.3 Écoutons maintenant !

Faites des paires ! Listen to these French words being called out and write them under the correct picture.

1	la table	2	le bureau	3	la chaise	4	le placard
5	le tableau	6	la fenêtre	7	le professeur	8	la porte

a _____   b _____   c _____   d _____

e _____   f _____   g _____   h _____

Coin grammaire : The indefinite article (l'article indéfini)

In the last unit you learned about the **definite article**, le, la, l' and les, meaning *the*.
Now we are going to look at the **indefinite article**.

In English we have two indefinite articles, 'a' or 'an'.
In French there are three forms:

- **un** for masculine singular nouns
- **une** for feminine singular nouns
- **des** for all plural nouns – this translates as *some*.

2.4 Écoutons et répétons !

un professeur   un élève   des filles   une maison

un crayon   une trousse   des stylos   une porte

Exercice 1

Remplissez les blancs avec « un », « une » ou « des ».
Write the correct article indéfini for each of these words. Use a dictionary or your *Lexique*
if you are not sure of the gender of the word.

1	2	3	4	5	6	7	8
café	femme	tables	portable	cahiers	garçon	crayons	trousse

Coin grammaire : Il y a …

Il y a is a really useful little phrase in French. It means *there is* or *there are*. It is particularly handy when you are describing the contents of a room, such as your classroom.

2.5 Écoutons maintenant !

Listen to Julien describing what there is in his classroom and complete the sentences.

1   Dans la salle de classe, il y a deux _____.
2   Il y a un _____.
3   Il y a une _____ pour le professeur.
4   Il y a une _____.
5   Il y a un _____.
6   Il y a trois _____.

Exercice 2

Complete the sentences below with the help of the pictures.

1   Dans la salle de classe, il y a un _____.

2   Dans la salle de classe, il y ____ une _____.

3   Dans la salle de classe, il ____ ____ des _____.

4   Dans la salle de classe, ____ ____ ____ des _____.

5   Dans la salle de classe, ____ ____ ____ ____ _____.

À vous maintenant !

Dessinez maintenant votre salle de classe.
Draw your classroom and label each item in French.

Coin grammaire :
Irregular verbs (les verbes irréguliers)

- In Unité 1 (page 24) we mentioned that some verbs, called **irregular verbs** (les verbes irréguliers), do not always follow the pattern for their group and must be learned par cœur *(by heart)*.
- The first of these verbs you are going to learn is être *(to be)*.
- Don't forget the subject pronouns, which you learned in Unité 1 (page 24):

je = *I*	nous = *we*
tu = *you (one person: informal)*	vous = *you (one person: formal, or more than one person)*
il = *he/it (masculine)*	ils = *they (masculine)*
elle = *she/it (feminine)*	elles = *they (feminine)*

2.6 Écoutons maintenant !

Listen to how the verb être *(to be)* sounds in the present tense.

je	suis	*I am*
tu	es	*you are*
il	est	*he is*
elle	est	*she is*
nous	sommes	*we are*
vous	êtes	*you are*
ils	sont	*they are*
elles	sont	*they are*

Exercice 3

Fill in the missing pronouns and parts of the verb être in the grid.

je	suis
	es
il	
	est
nous	
vous	
	sont
elles	

Exercice 4

By taking one item from each blackboard, match the subjects with the correct forms of the verb **être**. One is done for you as an example.

Attention!

Il or **elle** can be replaced with a person's name, or with a noun which is masculine (**il**) or feminine (**elle**), e.g. **Le chien est ...** or **Laure est ...**

Exercice 5

Fill in the missing parts of the verb **être** in the following sentences.

Remember, you don't normally hear the final letter '**s**' at the end of French words: an**s**, sui**s**, nou**s**, vou**s**, sou**s**, cahier**s**, crayon**s**.

1   Je _____ sous la table.

2   Maman _____ dans le restaurant.

3   Nous _____ à l'école.

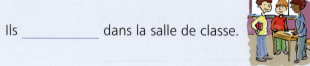

4   Ils _____ dans la salle de classe.

5   Tu _____ au téléphone ?

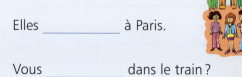

6   Elles _____ à Paris.

7   Vous _____ dans le train ?

8   Il _____ devant le cinéma.

Coin grammaire : Negative of 'être'

This is the **negative** of the verb être. The word **ne** (or **n'**) goes in front of the verb and **pas** goes after it.

je	ne	suis	pas	*I am not*
tu	n'	es	pas	*you are not*
il	n'	est	pas	*he is not*
elle	n'	est	pas	*she is not*
nous	ne	sommes	pas	*we are not*
vous	n'	êtes	pas	*you are not*
ils	ne	sont	pas	*they are not*
elles	ne	sont	pas	*they are not*

You can learn more about negatives on page 67.

2.7 Écoutons maintenant!

Listen to how the negative of être sounds.

Exercice 6

Put **ne** (or **n'**) and **pas** in the correct places in the following sentences. Write them in your copy and add what each sentence means.

1   Il _____ est _____ à Lyon.

2   Je _____ suis _____ le professeur.

3   Vous _____ êtes _____ dans le stade de Croke Park.

4   Elles _____ sont _____ en France.

5   Tu _____ es _____ à l'hôpital.

6   Shona _____ est _____ française.

7   Nous _____ sommes _____ dans la salle de classe.

8   Les élèves _____ sont _____ dans les Alpes.

La salle de classe (2)

le poster · le feutre · la carte · l'horloge · l'ordinateur · la brosse · le lecteur CD/DVD · les étagères · la poubelle · le cartable

Exercice 7

Label these drawings, using the words given. Don't forget to include the le, la or l'!

| la carte | l'horloge | les étagères | le poster |
| le lecteur CD/DVD | la poubelle | l'ordinateur | la brosse |

1
2
3
4

_____

5
6
7
8

_____

Parlons maintenant !

Take turns to ask each other Qu'est-ce que c'est ? *(What is it?)* by pointing to items in the classroom.

Exemple : – Qu'est-ce que c'est ? – C'est la poubelle.

Coin grammaire : Prepositions

Prepositions are useful little words which usually tell you **where** something is, e.g. 'the book is **on** the table', 'the teacher is **in front of** the board'. In the exercise below are some useful prepositions for you to learn.

2.8 Écoutons maintenant !

Écoutez et regardez les dessins.

1

Je suis dans la poubelle.

2

Je suis sur le placard.

3

Je suis devant l'horloge.

4

Je suis derrière la porte.

5

Je suis sous le livre.

6

Je suis entre mon professeur et le directeur !

Exercice 8

Regardez les images et complétez les phrases.

1

Le livre est _____ la table.

2

La poubelle est _____ la porte.

3

L'élève est _____ les tables.

4

L'horloge est _____ la poubelle.

5

Le cahier est _____ l'étagère.

6

Le professeur est _____ le tableau.

Exercice 9

Un petit puzzle ! Qui est assis où ?
Read the clues carefully and then fill in the names of the students on the picture.

1   Thomas est assis entre Louis et Marc.
2   Marc est assis devant Marine.
3   Jonathan est assis derrière Thomas.
4   Léa est assise derrière Louis.
5   Yasmina est assise devant Thomas.
6   Marc est assis derrière Tony.
7   Yasmina est assise entre Laure et Tony.

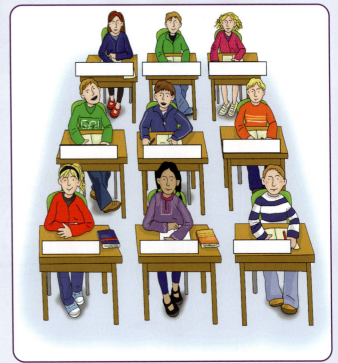

2.9 Écoutons maintenant !

Dictée ! Listen to four sentences describing the location of items in the classroom and write them out. You will hear each sentence twice.

Encore des nombres !

Once you have learned your numbers from 0 to 20 (see pages 14 and 15), the next set are not very difficult. Notice that you join the words together with a hyphen.

Attention !

In the number 21, the hyphens are optional. Older texts will not have them, but a recent decision by the French authorities makes it possible to include the hyphens.

2.10 Écoutons et répétons maintenant !

Listen and repeat the numbers 20 to 30.

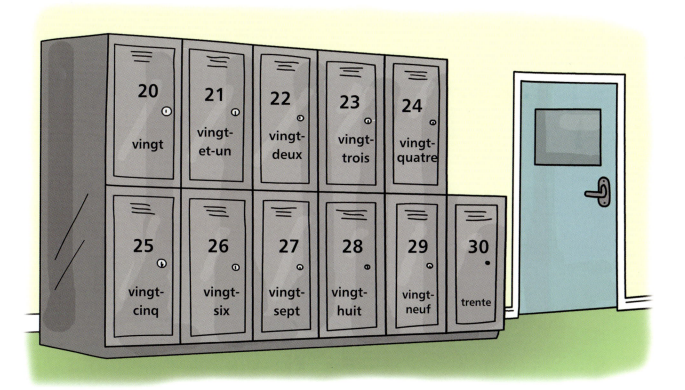

Parlons maintenant !

You are at the swimming pool and your friend asks you which locker key you have. What do you reply?

Exemple : J'ai la vingt-quatre !

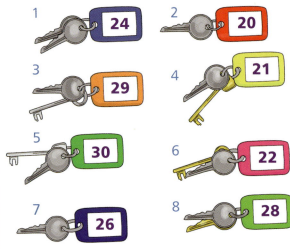

1 **24**
2 **20**
3 **29**
4 **21**
5 **30**
6 **22**
7 **26**
8 **28**

Exercice 10

Find the price of each item and write it in figures on the label.

vingt-huit euros

trente euros

vingt-neuf euros

vingt-et-un euros

vingt-cinq euros

vingt-six euros

vingt-deux euros

vingt euros

Attention !
French people add an 's' to the word **euro** when it's plural.

2.11 Écoutons maintenant !

Où habitent-ils/elles ? Some mischief-makers have been out and about in the town of Beauchamps. They have removed the numbers from the hall doors. Listen and put the correct number back on each hall door.

| Cochet | Ducros | Lemaire | Russo |

| Meunier | Vasseur | Lombard | Demory |

Exercice 11

Using a dictionary or your *Lexique*, find the meanings of these school items. Draw the grid below in your copy and put the words in the correct column.

un stylo   un carnet   une gomme   des cahiers   un classeur   une calculatrice
un taille-crayon   une règle   des crayons   un agenda   un compas   un feutre

Dans un cartable	Dans une trousse

2.12 Écoutons maintenant!

Listen to the people listed in the grid describing what is in their schoolbag. Decide which schoolbag belongs to which person.

name	bag number
Élodie	
Olivier	
Luc	
Mathilde	
Suzanne	

1
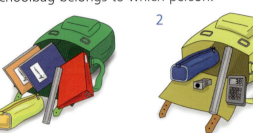
2

3

4

5

Lisons maintenant!

Fill in the missing French words in these ads for back-to-school items. The words you need are in the schoolbag.

feutres
calculatrice
agenda crayons
cahiers
classeur règle
trousse

a

Boîte 12

_____
pointe super fine, couleurs vives et intenses. **7,99 €**

b

_____
de poche. Affichage 8 chiffres. Garantie 2 ans. **4,99 €**

d

_____
carrée, divers coloris au choix. **2,60 €**

c

_____
scolaire, septembre – septembre, 1 jour par page. Existe dans différents coloris. **5,99 €**

e

Pochette 8

_____
couleur duo. **2,30 €**

f

_____ A4, produit recyclé. **1,99 €**

g

Lot de 3

_____
96 pages, A4, A5, et A6 à partir de **4,49 €**

h

_____
30cm. Graduations progressives. **0,99 €**

Parlons maintenant !

(a) Take turns to ask your partner what he/she has in his/her pencil case and schoolbag.
– Tu as un/une/des … ?   – J'ai un/une/des …
– Il y a un/une/des … ?   – Il y a un/une/des …

(b) Play this memory game. Take turns to place at least six items from your schoolbag and pencil case on the table in front of you. Give your partner 60 seconds to study them. Then cover them up: your partner must try to recall all the items.

Civilisation : Les vacances scolaires

Holiday dates

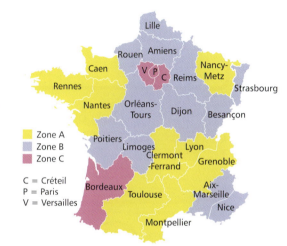

▶ School holidays in France are standardised. The country is divided into three zones, and all schools in each zone follow the same dates for holidays. Parents must have permission to take their children out of school other than during official holiday times.

▶ You can check the holiday dates in each zone for the coming years on the site www.education.gouv.fr. How are they different from your holidays?

La rentrée

▶ Going back to school in September is called la rentrée. From August onwards there are lots of advertisements for back-to-school equipment and clothing. For those going to le collège for the first time it can be exciting. Their school day, as you will see in Unité 3, is probably longer than yours, but most French students have a half day on Wednesdays.

Lisons maintenant !

Read the advertisements and answer the questions which follow.

Prix imbattables ! Promo Rentrée

a **Cahiers** – lot de 4 + 1 gratuit. 96 pages. 17 × 22 cm. **2 € le lot**

b **Stylo** bille. Divers coloris au choix. **1,20 €**

c Taille-crayon + gomme. **1,25 €**

d Trousse en plastique – divers coloris au choix. **2,50 €**

1   How many copybooks do you get for €2?
2   Which item has two uses?
3   What does the ad say about the colour of the pencil cases?

34,99 €

Astérix

6,99 €

Agenda Scolaire

Cartable Astérix, 38 cm. Deux compartiments, polyester. Bretelles matelassées pour plus de confort.

Agenda, format 12 × 17, 1 jour par page. Septembre 11 à septembre 12. Couverture souple.

4   How many sections are there in the schoolbag?
5   The back and straps are padded for added _____.
6   How many pages per day are there in the school diary?
7   What does it say about the cover?

2.13 Écoutons maintenant !

Listen to the supermarket advertisements and write the price of each item on the label.

| 1 | 2 | 3 | 4 | 5 | 6 |

les cartables   les baskets   les tee-shirts   les trousses   les dictionnaires   les chaussettes

 Écrivons maintenant !

Lettre symbole ! Caoimhe is writing to her French-speaking correspondante, Julie. She describes her class and her classroom. Rewrite the letter in your copybook, replacing each symbol with the French word.

Rappel !
Remember, if you are writing to somebody female, you use **chère** for the word *dear*.

Ballina, le 3 septembre

Chère Julie,

Merci pour ta lettre et les renseignements sur ta classe. Il y a **30** élèves dans ma classe, seize garçons et quatorze filles.

La salle de classe est grande et claire. Il y a deux et une . Il y a des  et des

 pour les élèves. Sur les murs, il y a une de France ! Il y a aussi une . Le professeur a un

. Sur le bureau, il a un . Sous la fenêtre, il y a un . Il y a une . Derrière le bureau du

professeur, il y a un grand blanc. C'est bien, n'est-ce pas ?

C'est tout pour l'instant. Je dois faire mes devoirs de français – apprendre le vocabulaire. Le professeur, Madame Moore, est stricte !

     Amitiés,

     Caoimhe

Mots clés – apprenez par cœur !

le bureau (m.)	l'école (f.)	l'ordinateur (m.)
la chaise (f.)	l'élève (m./f.)	le placard (m.)
le collège (m.)	la fenêtre (f.)	le professeur (m.)
le crayon (m.)	le lecteur CD/DVD (m.)	la salle de classe (f.)

Communication en classe

Comment on dit … en français, s'il vous plaît ?

Fermez vos livres !

Tu as un stylo, s'il te plaît ?

J'ai oublié mon cahier.

Éteignez les portables !

Allume la lumière, s'il te plaît.

Écrivez l'exercice numéro 7.

Exercice 7

Apprenez le vocabulaire !

le bureau m.
la chaise f.
le collège m.
le crayon m.

Épreuve

Question 1

Listen to Mélanie describing her classroom and answer the questions.

1　How many students are there in the class? _____
2　How many windows are there in the classroom? _____
3　The teacher's desk is between the _____ and the cupboard.
4　What is under the windows? _____
5　Where are the dictionaries kept? _____
6　Name one item the teacher has on the desk. _____

Question 2

(a)　Using the verb être, complete the following sentences.

1　Nous _____ à l'école.
2　Je _____ irlandais.
3　Le vélo _____ derrière la maison.
4　Vous _____ à Lyon ?
5　Ils _____ dans le train.
6　Tu _____ irlandaise, Sinéad ?
7　Maman _____ à la maison.
8　Elles _____ devant le cinéma.

(b)　Now write the above sentences in the negative form in your copy.
　　Exemple : Nous ne sommes pas à l'école.

For help with this exercise, see page 39.

Question 3

Complete these sentences, using un/une/des correctly.

1　Dans la salle de classe, il y a _____ tableau.
2　J'habite dans _____ maison à Bordeaux.
3　Julie est devant _____ placard.
4　Il y a _____ cahiers sur le bureau.
5　Le chat est derrière _____ porte.
6　Il y a _____ stylos dans le cartable.
7　Il y a _____ garçons dans la salle de classe.
8　Je dessine _____ carte de France.
9　J'écris _____ exercice dans le cahier.
10　Il y a _____ fenêtres dans la salle de classe.

For help with this exercise, see page 37.

Question 4

Look at the picture below and decide whether the following statements are vrai *(true)* or faux *(false)*.

		vrai	faux
1	Le dictionnaire est dans le placard.		
2	Le stylo est sur la table.		
3	Le cartable est entre les placards.		
4	La trousse est dans la poubelle.		
5	La chaise est derrière la porte.		
6	Le garçon est sur la chaise.		

For help with this exercise, see page 43.

 ## Question 5

Listen and fill in the missing figure in each sentence.

1 J'habite au numéro _____ rue de la Gare.
2 J'ai _____ cousins.
3 Mon professeur a _____ ans.
4 Il y a _____ salles de classe dans l'école.
5 Dans la classe, il y a _____ filles.
6 La salle de classe est au numéro _____.

For help with this exercise, see page 45.

Question 6

Destination – faites des paires ! Which city is my school in?
Match up the signs to the sentences and write the name
of the right city.

1	Je voyage vingt-huit kilomètres.	_____
2	Je voyage vingt-deux kilomètres.	_____
3	Je voyage vingt-sept kilomètres.	_____
4	Je voyage vingt-cinq kilomètres.	_____
5	Je voyage vingt-et-un kilomètres.	_____
6	Je voyage trente kilomètres.	_____

Lyon 30km
Lille   25km
Strasbourg 21km
Rennes 27km
Nice   28km
Bordeaux 22km

Question 7

Look in your pencil case and write five sentences about what you find there.
Exemple : Dans la trousse, il y a un compas.

1 _____
2 _____
3 _____
4 _____
5 _____

Question 8

Read Lisette's message to her friend Julie and answer
the questions.

1 Where did Lisette leave her schoolbag?

   _____

2 What subject does she have tomorrow?

   _____

3 Name **one** item she does have for class.

   _____

4 Name **two** items she doesn't have.

   _____

5 What does she ask Julie to do?

   _____

> Julie ! J'ai un problème :
> mon cartable dans le
> car scolaire !
> Catastrophe !
> Technologie demain !
> J'ai le livre de texte et
> des crayons mais je n'ai
> pas de règle, de
> calculatrice, de gomme
> et de taille-crayon.
> Peux-tu m'aider ? Lisette

Question 9

Listen to six pupils' names being spelled out and write them down.

1 _____ 2 _____ 3 _____

4 _____ 5 _____ 6 _____

Question 10

Ronan has written an email (un courriel) to his French correspondant, describing his classroom. Read his email and answer the questions.

Objet : Dernières nouvelles

Salut Erwan !

Je commence à l'école secondaire cette année. C'est super ! C'est une grande école avec mille élèves.

Dans ma classe de français, il y a trente élèves : quatorze garçons et seize filles. Ils sont vraiment sympa. Notre professeur de français s'appelle Madame O'Neill. Elle est très stricte ! Elle donne beaucoup de devoirs.

Nous avons une grande salle de classe, la numéro douze. Il y a trois fenêtres et la salle est très claire. Le tableau est derrière le bureau du professeur. Sur les murs, il y a des posters français et une carte de France. Sur le bureau, il y a un ordinateur et la console. Entre le bureau et les fenêtres, il y a des placards. Les cahiers et les livres sont dans un placard. Il y a aussi des étagères avec des livres en français, des photos et des brochures.

Et toi ? Comment sont les élèves de ta classe ? Comment est ta salle de classe ?

Réponds-moi vite !

Ronan

1 When did Ronan start secondary school?
2 What size school is it?
3 How many pupils are there in his French class?
4 Mention **one** thing he says about his teacher.
5 What number is his classroom?
6 What is on the walls?
7 Where are the copies and books kept?
8 Besides French books, what else is on the shelves?

Question 11

Match the appropriate caption to each classroom picture.

a   Tu as un dictionnaire, s'il te plaît ?

b   Ferme la porte !

c   Apprenez les nombres.

d   J'ai oublié mon livre, madame.

e   Écrivez une lettre !

f   Éteins la lumière, s'il te plaît.

Visit
www.edco.ie/bontravail1
for interactive revision exercises

Unité 3
La vie au collège

Civilisation : Les classes

▶ During the first two years at le collège, pupils spend twenty-six hours a week in school. The school day usually starts around 8:30 and les cours *(classes)* finish at 4:30. La pause déjeuner *(lunch break)* starts at 12 noon. Most students go to la cantine *(school canteen)*.

▶ Pupils study a wide range of matières *(school subjects)*. In sixième they continue the second language, usually English, which they started in primary school.

▶ At the end of their four years in collège, pupils sit for a written examination, le diplôme national du brevet (see page 34), in three subjects: French, maths, and history & geography.

?

Among the languages offered in French **collèges** are English, German, Italian, Spanish, Portuguese, Greek, Danish, Arabic, Japanese, Chinese, Hebrew and Russian.

Les matières

3.1 Écoutons maintenant !

Listen to the French words for some school subjects you are learning.

les maths

l'anglais

le gaélique

l'histoire

la géographie

le français

le commerce

les sciences

l'éducation physique et sportive (l'EPS)

l'éducation civique

58

Exercice 1

The space bar has got jammed! Can you separate the following school subjects?
Write them in your copy and insert **le**, **la**, **l'** or **les** in front of each one.

> anglaiséducationciviquecommercehistoiremathsfrançaisgaéliquegéographie

Attention!

Generally, when talking about the subjects you are studying, **les matières**, you use **le**, **la**, **l'** or **les** in front of the name of the subject, e.g. **le français**, **la géographie**, **les maths**.

3.2 Écoutons maintenant!

Listen to these French pupils saying which subject they are studying. Write the correct name on each copybook.

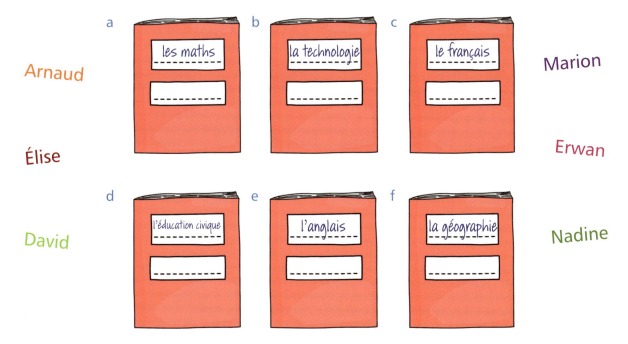

Arnaud

Élise

a — les maths

b — la technologie

c — le français

Marion

Erwan

David

d — l'éducation civique

e — l'anglais

f — la géographie

Nadine

Écrivons maintenant!

Based on what you noted down in listening exercise 3.2, write a sentence in your copy saying what each pupil is studying.
Exemple : Arnaud étudie la géographie.

Encore des matières !

Here are some more subjects for you to learn. Use a dictionary or your *Lexique* to translate any you don't know and to find out whether they are masculine or feminine.

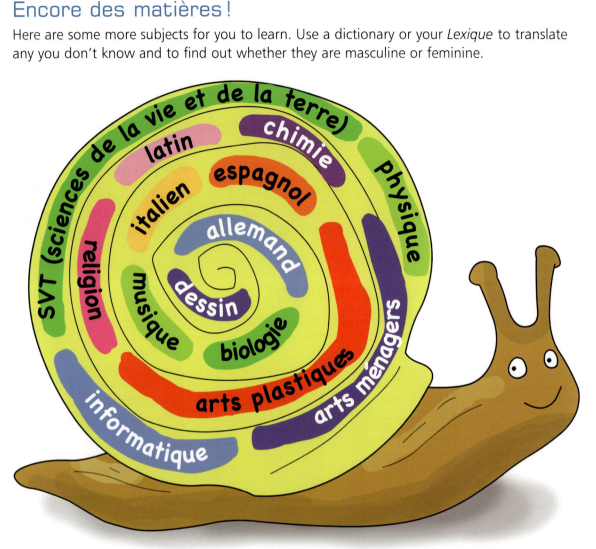

Exercice 2

In your copy, list the subjects above in four columns, under the headings le, la, l', les.

Parlons maintenant !

Draw an icon or cartoon for each of these school subjects. See if your partner can guess the subject and name it in French.

Exercice 3

Match each subject to the correct book.

a

b

c

d

1	les arts ménagers
2	la biologie
3	l'espagnol
4	la technologie
5	la chimie
6	le latin
7	les arts plastiques
8	le dessin
9	la physique
10	la musique

e

f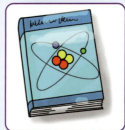

g

h

i

j

1	2	3	4	5	6	7	8	9	10

Parlons et écrivons maintenant !

(a) Working with a partner, tell each other which school subjects you study. Make a note of your partner's answers.

Exemple : J'étudie l'anglais, le gaélique, les maths,

(b) Now report on what your partner has said.

Exemple : Kevin étudie l'anglais, …

Giving your opinion

3.3 Écoutons maintenant !

Listen to Nicolas and Leila talking about their school subjects and answer the questions.

NAME	Nicolas
AGE	
CLASS	
LANGUAGES HE LEARNS	
SUBJECT HE DOESN'T LIKE	
REASON FOR THIS	

NAME	Leila
AGE	
NUMBER OF SUBJECTS SHE STUDIES	
SUBJECTS SHE LIKES (ANY **TWO**)	
ONE SUBJECT SHE DOESN'T LIKE	
REASON FOR THIS	

Le français, c'est cool !

Je n'aime pas le dessin, c'est compliqué !

L'anglais, c'est facile !

Le commerce, c'est difficile !

Les arts ménagers, c'est génial !

L'histoire, c'est intéressant !

L'espagnol, c'est fantastique !

L'éducation physique et sportive, c'est marrant !

La musique, c'est extra !

L'informatique, c'est pratique !

3.4 Écoutons maintenant !

Listen to these French pupils talking about school subjects. Which subject are they talking about and what comment do they make?

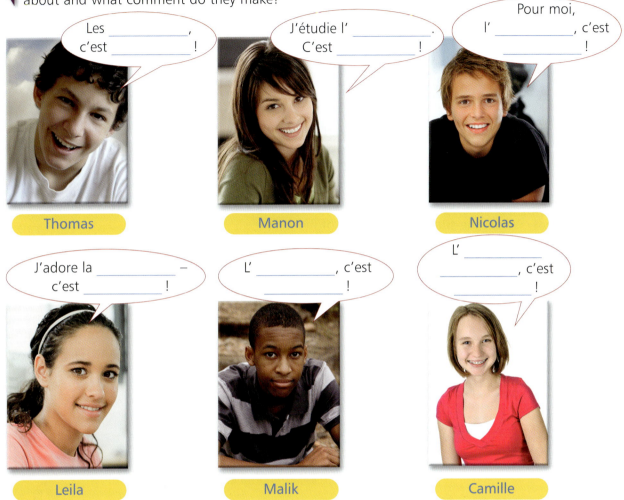

Les _____,
c'est _____ !

Thomas

J'étudie l' _____ .
C'est _____ !

Manon

Pour moi,
l' _____, c'est
_____ !

Nicolas

J'adore la _____ –
c'est _____ !

Leila

L' _____, c'est
_____ !

Malik

L' _____
_____, c'est
_____ !

Camille

Écrivons maintenant !

Your correspondant(e) has asked you to write a short piece for a class magazine about what you like and don't like about your school subjects. Answer the questions.

1   Comment s'appelle le collège ?   Le collège s'appelle _____ .
2   Tu es en quelle classe ?   Je suis en _____ année.
3   Tu étudies combien de matières ?   J'étudie _____ matières.
4   Tu aimes quelle matière ?   J'aime _____ . C'est _____ .
5   Tu n'aimes pas quelle matière ?   Je n'aime pas _____ . C'est _____ .

Parlons maintenant !

Pick any five of your school subjects and tell your partner what you think of them.
Exemples : Moi, j'étudie les maths. C'est cool !
                  J'étudie l'espagnol. C'est difficile !

Coin grammaire: Present tense (le présent)

Useful verbs

- To discuss your subjects in French, you need verbs like aimer, adorer, préférer and détester.
- To talk about what you do in school, you need verbs like écouter, étudier, regarder, parler and travailler.
- You use these verbs in the present tense (le présent).

Present tense of '-er' verbs

- These verbs belong to the first and largest group of French verbs, which all end in -er. They are regular verbs, which means that they all form le présent in exactly the same way.
- In French, the ending of a verb changes depending on the subject.
- When the subject is a mixture of masculine and feminine, you use the **masculine** plural pronoun. For example, to say that a group of boys and girls like PE, you say:

Rappel!
Remember the subject pronouns you learned in Unité 1, on page 24: je, tu, il, elle, nous, vous, ils, elles.

Ils aiment l'EPS.

- Le présent of parler is formed in two steps:

Step 1: Take away the -er ending. What remains is the stem:

Step 2: Add the endings for each person to the stem, as follows:

je	-e	nous	-ons
tu	-es	vous	-ez
il	-e	ils	-ent
elle	-e	elles	-ent

3.5 Écoutons maintenant !

Listen to how the verb parler sounds in the present tense. You will notice that, although the spellings are different, some of the words sound the same.

je	parle	nous	parlons
tu	parles	vous	parlez
il	parle	ils	parlent
elle	parle	elles	parlent

- You need to learn these endings by heart (par cœur).

- When the subject is a person's name, e.g. 'Nicolas' or 'Leila', you use the il or elle form of the verb, which has the ending -e.
  Exemples : Nicolas aime les maths.   Leila adore le français.

- When the subject is plural, e.g. 'the pupils' or 'Julie and Claire', you use the ils or elles form, which has the ending -ent.
  Exemples : Les élèves aiment l'histoire.   Julie et Claire adorent la musique.

- If a verb begins with a vowel or silent 'h', je is shortened to j'.
  Exemples : aimer *(to like)* begins with a vowel, so to say *I like* you say j'aime.
       habiter *(to live)* begins with a silent 'h', so to say *I live* you say j'habite.

Exercice 4

Fill in the missing pronouns and parts of the verb travailler in the grid.

je	travaille	nous	travaillons
	travailles	vous	
			travaillent
elle		elles	

Exercice 5

Now fill in the missing parts of the verb aimer in the grid.

j'		nous	
tu		vous	
il		ils	
elle		elles	

Exercice 6

Choose the correct form of the verb écouter to complete each sentence.

1 J' (écoute / écoutes / écoutez) _____ le CD.
2 Il (écoute / écoutez / écoutons) _____ la radio française.
3 Nous (écoutes / écoutons / écoutent) _____ le professeur.
4 Elles (écoutes / écoutez / écoutent) _____ l'exercice.
5 Nadine (écoutes / écoute / écoutez) _____ Julie au téléphone.
6 Luc et Charles (écoutes / écoutons / écoutent) _____ de la musique.

Exercice 7

Link the descriptions with the pictures.

a
b
c
d

e
f
g
h

1 Nous étudions le français.

2 Luc travaille dans la salle de classe.

3 Maman prépare le dîner.

4 Ils écoutent le professeur.

5 Papa parle au portable.

6 Julie et Louis écoutent de la musique.

7 Elle aime travailler dans le jardin.

8 Ils jouent au football.

1	2	3	4	5	6	7	8

Rappel!

- **Ils** and **elles** can be replaced by the names of people or things, used with the **-ent** ending, e.g. **Les élèves aiment la géo. Lucie et Manon adorent la musique.**
- **Nous** means *we* and is used with the **-ons** ending. You need to use this form when speaking about what you and someone else do, e.g. **Marine et moi regardons un DVD.**

 Coin grammaire : Negative form (la forme négative)

- To make a verb negative in French (to say something is **not** happening) you need to use two little words: **ne** and **pas**.

- Put the **ne** in front of the verb and the **pas** after it.
  Exemple : Je parle espagnol.

Je **ne** parle **pas** italien.

- If the verb begins with a vowel or silent 'h', put **n'** in front of the verb and the **pas** as normal.
  Exemple : Chloé étudie la musique.

Chloé **n'** étudie **pas** la biologie.

Exercice 8

Put **ne** and **pas** in the correct places in these sentences.

1. Je _____ travaille _____ avec Paul.
2. Nous _____ regardons _____ Glee.
3. Vous _____ étudiez _____ le latin.
4. Elles _____ aiment _____ le livre.
5. Tu _____ parles _____ espagnol.
6. Catherine _____ joue _____ au club.

Exercice 9

Write these sentences in the negative form in your copy. Then translate them into English.

1. J'adore le football.
2. Elle regarde un DVD.
3. Marie et Marc habitent à Paris.
4. Suzanne étudie l'anglais.
5. Tu parles le gaélique.
6. Lucie et moi aimons le volley.

Les jours de la semaine

As in many other European languages, the French names for the days of the week come from Latin, which was the language the Romans spoke. The Latin word for day was 'dies'. As a result, most of the days of the week end with the letters -di.

lunae dies → lundi → jour de la lune
(the day of the moon)

martes dies → mardi → jour de Mars
(the day of Mars)

mercoris dies → mercredi → jour de Mercure
(the day of Mercury)

jovis dies → jeudi → jour de Jupiter (Jove)
(the day of Jupiter)

veneris dies → vendredi → jour de Vénus
(the day of Venus)

sambati dies → samedi → jour du Sabbat
(the day of the Sabbath)

dies Dominicus → dimanche → jour du Seigneur
(the day of the Lord)

Attention!
In French, there is no capital letter for the days of the week.

3.6 Écoutons maintenant !

Listen to the days of the week in French and repeat.

Comptines

In all countries there are rhymes which little children like to hear, but which also teach them certain information. You probably learned some when you were very young. In French, these are called comptines.

3.7 Écoutons maintenant !

Listen to this comptine which helps French children to learn the days of the week.

Bonjour lundi !
Ça va mardi ?
Très bien mercredi !
Dites à jeudi
De venir vendredi
Danser samedi
Dans la salle de dimanche !

Exercice 10

Faites des paires dans votre cahier ! Separate out each group of letters to make a day of the week and match up the French and English.

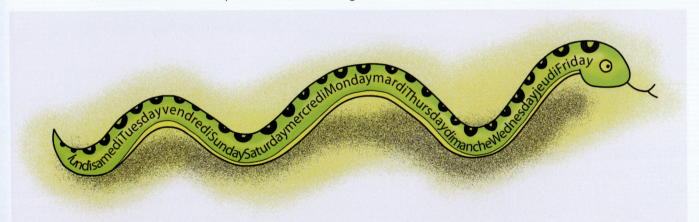

Lisons maintenant!

La semaine de Malik. Read about Malik's week and answer the questions which follow.

lundi	Épreuve de maths. Je déteste ça! 34+73+?
mardi	Le dessin – c'est intéressant!
mercredi	Tennis – c'est génial.
jeudi	L'anglais, j'adore ça!
vendredi	L'informatique. Super!
samedi	La musique avec mon groupe ...
dimanche	Pas de devoirs! C'est extra!

Exercice 11

Quel jour? Complete the following sentences.

1   Malik has his computer studies class on _____.
2   Malik has no homework on _____.
3   Malik has a test on _____.
4   Malik plays sport on _____.
5   Malik is in a musical mood on _____.

Coin grammaire : Asking questions (poser des questions)

- Besides giving information about yourself, you will want to ask French people questions: 'Do you like maths?' 'Does Dany listen to music?'

- There is a simple way in French to turn a statement into a question, using the little group of words Est-ce que … and inserting a question mark '?' at the end of the sentence.

  Exemples :

Statement:	Tu aimes les maths.	*You like maths.*
Question:	Est-ce que tu aimes les maths ?	*Do you like maths?*
Statement:	Dany écoute de la musique.	*Dany listens to music.*
Question:	Est-ce que Dany écoute de la musique ?	*Does Dany listen to music?*

- If the subject of your sentence (the person or thing doing the action) begins with a vowel or silent 'h', simply shorten the word que to qu'.

  Exemples :

Statement:	Elle aime l'histoire.	*She likes history.*
Question:	Est-ce qu'elle aime l'histoire ?	*Does she like history?*

Exercice 12

Turn these statements into questions in your copy.
Then translate them into English.

1   Martin aime le sport à la télé.
2   Ils habitent à Arles.
3   Tu adores le dessin.
4   Christophe arrive à Paris jeudi.
5   Hélène adore les sciences.
6   Hannah et Jack parlent le gaélique.
7   Vous regardez le film français.
8   Nous parlons français en classe.

The letter 'q' (which is always followed by the letter 'u') is pronounced with a 'k' sound in French, e.g. que, qui, qu'elle, quand.

Quelle heure est-il ? (1)

Being able to tell the time in French is very useful. To start with, you will learn how to give the time on the hour. Note that for 'one o'clock' you write une heure, but when you write any other hour after that, the word heure gets an s (e.g. cinq heures).

 3.8 Écoutons maintenant !

At what time does Amélie have the following subjects?

1
maths
_ _ _ _ _ _ _ _ _

2
français
_ _ _ _ _ _ _ _ _

3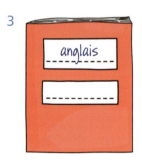
anglais
_ _ _ _ _ _ _ _ _

4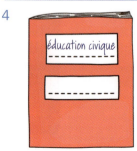
éducation civique
_ _ _ _ _ _ _ _ _

5
sciences
_ _ _ _ _ _ _ _ _

6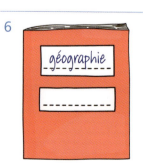
géographie
_ _ _ _ _ _ _ _ _

Exercice 13

Complete these sentences by writing in the times in French.

1 Je regarde la télévision à _____ (8 o'clock).
2 Je fais mes devoirs à _____ (5 o'clock).
3 Je mange dans la cantine à _____ (midday).
4 Je regarde un DVD à _____ (7 o'clock).
5 Les professeurs mangent à _____ (1 o'clock).

The 24-hour clock

In France, times on TV and radio schedules, travel timetables and many public signs are given using the 24-hour clock. You do not use 'a.m.' and 'p.m.' in French. '1 p.m.' becomes 13 heures, '2 p.m.' is 14 heures, etc.

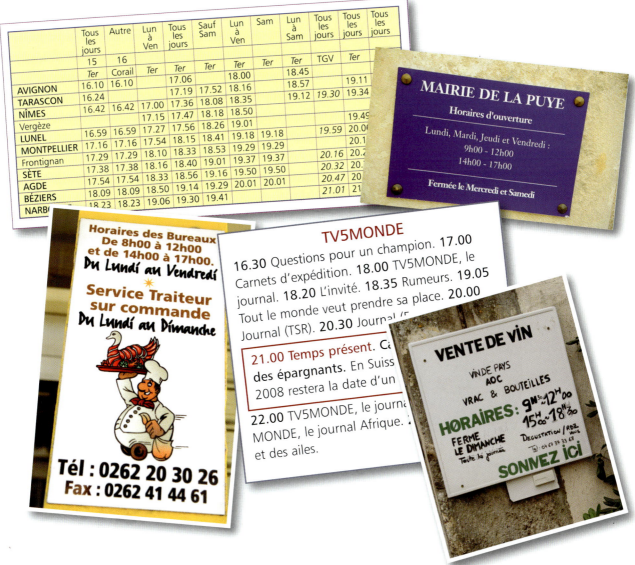

Exercice 14

(a) **Faites des paires !** Match the speech bubbles to the times on the watches. Write the correct letter in each box.

(b) Now write the French sentence in your copybook.

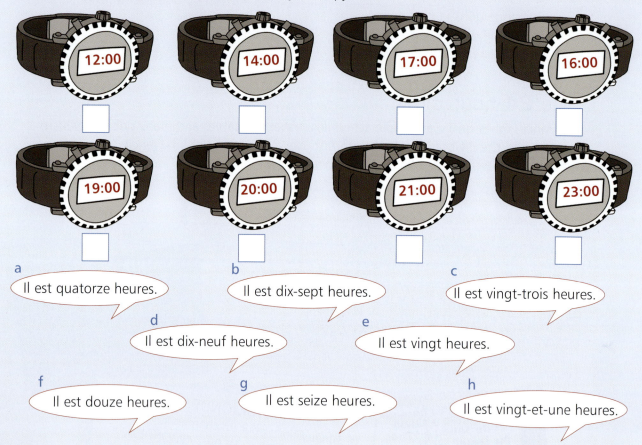

a
Il est quatorze heures.

b
Il est dix-sept heures.

c
Il est vingt-trois heures.

d
Il est dix-neuf heures.

e
Il est vingt heures.

f
Il est douze heures.

g
Il est seize heures.

h
Il est vingt-et-une heures.

 3.9 Écoutons maintenant !

Listen and write down the time of each activity.

1

2

3

4

5

6

Coin grammaire : The verb 'aller'

● A useful verb to learn at this stage is the verb aller, which means *to go*.
It is an irregular verb, so you must learn it par cœur.

3.10 Écoutons maintenant !

Listen to how the verb aller sounds in the present tense.

je	vais	nous	allons
tu	vas	vous	allez
il	va	ils	vont
elle	va	elles	vont

Rappel!
You may recognise this verb from the greetings you have already learned:
Ça va ? and Comment vas-tu/allez-vous ?

● As usual, if you want to make the verb aller negative,
you put ne before the verb and pas after it.
Exemples : Je ne vais pas à l'école samedi.   Vous n'allez pas à Dublin avec la classe.

Exercice 15

Fill in the missing parts of the verb aller in the grid.

je		nous	
tu	vas	vous	allez
il	va	ils	
elle		elles	vont

Exercice 16

Choose the correct form of the verb from the whiteboard to complete each sentence below.

1   Je _____ au collège à huit heures.

2   Sophie _____ à l'école primaire.

3   Nous _____ au match de football.

4   Samedi, ils _____ au zoo.

5   Tu _____ à Paris ?

6   Manon et Océane _____ au cinéma.

7   Le garçon _____ à Cork.

8   Vous _____ en classe ?

vas   va   vais
va
vont
vont
allez   allons

(a) Choose a subject from column A and join it to the correct part of the verb in column B. Then write the sentences in your copy.

A	B
Je	vas au collège à 7h30 ?
Marine	allez en classe maintenant.
Nous	vais au cinéma samedi.
Tu	vont au parc pour le match.
Vous	allons à Nice avec la classe.
Daniel et Noé	va à l'école en car scolaire.

(b) Now write the sentences from part (a) in the negative form in your copy.

La journée scolaire

L'emploi du temps

Lisons maintenant !

Thomas has just received his timetable for the new school year.
Look at it and answer the questions on the next page in your copy.

Emploi du temps 2011–2012

	lundi	mardi	mercredi	jeudi	vendredi
8h00–8h55	hist-géo	français	maths	maths	anglais
9h00–9h55	éduc. civique	anglais	EPS	français	EPS
10h00–10h50	arts plastiques	maths	EPS	français	EPS
10h50–11h00	R É C R É A T I O N				
11h00–11h55	français	hist-géo	anglais	informatique	français
12h00–13h30	D É J E U N E R				
13h30–14h25	maths	informatique		hist-géo	arts plastiques
14h30–15h25	anglais	technologie		musique	SVT
15h30–16h30	SVT	technologie		musique	musique

1   How many periods of French does Thomas have each week?
2   What does he have on Mondays before school ends?
3   On which days does he do art and craft?
4   In which subjects does he have double classes?
5   On which day does he **not** have an English class?

3.11 Écoutons maintenant!

It is the first day back for the class of cinquième at the Collège Gustave Flaubert. Madame Clavel is calling out the new timetable for the year. Listen to her and complete the timetable for Mondays.

	lundi
8h00–8h55	
9h00–9h55	
10h00–10h50	
10h50–11h00	Récréation
11h00–11h55	
12h00–14h00	Pause déjeuner
14h00–14h55	
15h00–15h55	
16h00–17h00	

Exercice 18

Your French correspondant(e) has asked you about your school timetable.
Draw up a timetable and complete it in French, to email to him or her.

3.12 Écoutons maintenant!

Tony has forgotten to bring home his timetable (l'emploi du temps). He telephones Marine to ask her for details of tomorrow's classes. Listen to their conversation and choose the correct answers to the questions.

1   What day is tomorrow?
    a   Thursday   b   Tuesday   c   Friday

2   What is the first class tomorrow morning?
    a   history   b   French   c   science

3   At what time do they have their lunch break?
    a   11:00   b   12:00   c   1:00

4   In the afternoon, which class will they have after lunch?
    a   maths   b   computer studies   c   history

5   What is the last class of the day?
    a   PE   b   science   c   music

Une journée typique

3.13 Écoutons maintenant !

Listen to Camille describing her school day and fill in the times on the watches.

1
J'arrive à l'école.

2
J'ai géographie.

3
Je mange à la cantine.

4
Je joue au volley.

5
Je prends le car scolaire.

6
Je commence mes devoirs.

7
Je téléphone à Julie.

8
Je regarde la télévision.

Parlons maintenant !

Put the following questions to your partner, who will reply using the time given in brackets. Then your partner can ask you the same questions. You reply with answers of your own. Use the 24-hour clock.

1 Tu arrives à l'école à quelle heure ? – J'arrive à l'école à _____ (9) heures.
2 Tu as sciences à quelle heure ? – J'ai sciences à _____ (11) heures.
3 Tu manges à quelle heure ? – Je mange à _____ (13) heures.
4 Tu rentres à la maison à quelle heure ? – Je rentre à _____ (16) heures.
5 Tu commences les devoirs à quelle heure ? – Je commence les devoirs à _____ (18) heures.
6 Tu regardes la télé à quelle heure ? – Je regarde la télé à _____ (20) heures.

Écrivons maintenant !

Write your answers to the above questions as a paragraph entitled Ma journée scolaire (My school day).

Bulletin scolaire

Lisons maintenant !

This is the report card for Antoine Delacroix. Read it and answer the questions below in your copy.

BULLETIN SCOLAIRE		
Collège Marcel Pagnol		
6 rue Gambetta, 31000 Toulouse		
Nom : Delacroix	**Classe** : sixième	
Prénom : Antoine	**Trimestre** : 1	
Français	13	Bons résultats
Mathématiques	11	Peut mieux faire
Sciences de la vie et de la terre	13,5	Satisfaisant
Éducation physique et sportive	14	Bien
Arts plastiques	12	Moyen
Histoire/Géographie	18	Excellent travail
Éducation musicale	9	Peu d'effort
Technologie	5	Très peu d'effort
Éducation civique	14	Bon travail
Anglais	17	Travaille bien

1 Which class is Antoine in and what is the equivalent in an Irish school?
2 What comment is made about French?
3 In which subject did he get his best mark?
4 What is the comment about science?
5 In which subject does his teacher say he did very little work?
6 Apart from French, which other language is he learning?

As you can see from Antoine's **bulletin scolaire**, the French marking scheme is not the same as ours. Instead of being given grades or percentages, students are marked out of a maximum of twenty marks.

Écrivons maintenant !

Lettre symbole ! James is writing to his French **correspondante** Élodie, telling her about his school subjects and his daily routine. Replace each symbol with the French word. Then rewrite the letter in your copybook.

Tramore, le 18 septembre

Chère Élodie,

Comment vas-tu ? Mon _____ est super. Elle s'appelle Scoil Eoin.

Elle est à Waterford. Je suis en '1st year', l'équivalent de la sixième.

J'étudie **11** _____ matières. J'aime la _____, c'est facile !

Ma matière favorite, c'est le _____. Le _____ est sympa !

Je n'aime pas l'_____. C'est une matière difficile. J'adore

l'_____ – j'adore le sport !

L'école commence à **9** _____ heures. Nous avons une pause à

_____ heures. À une heure, je _____

à la cantine. Les cours se terminent à quatre heures. Je rentre à Tramore en

_____ et je fais mes devoirs.

Est-ce que tu aimes l'école ? Tu étudies combien de matières ?

Amitiés,

James

Le personnel de l'école

▶ A teacher in a second-level school is called un professeur, but a teacher in a primary school is called un instituteur or une institutrice.

▶ Un(e) surveillant(e) is someone who supervises pupils when they are not in the classroom. Surveillants are often university students and sometimes help pupils with their work.

▶ Un(e) délégué(e) is a pupil who represents his or her class in meetings with the teachers or school council. The délégués act as a link between the pupils and the staff.

Exercice 19

Faites des paires ! Match the people to the description of what they do around school.

a
la directrice

b
le directeur-adjoint

c
le professeur

d
le gardien

e
la secrétaire

f
le surveillant

g
la conseillère d'orientation

h
la déléguée de classe

Qui fait quoi ?

1   Il/Elle s'occupe du bâtiment scolaire.
2   Il/Elle aide le directeur/la directrice.
3   Il/Elle représente les élèves de la classe.
4   Il/Elle surveille les élèves et aide avec les devoirs.
5   Il/Elle enseigne les matières aux élèves.
6   Il/Elle conseille les élèves en ce qui
     concerne les matières et les problèmes.
7   Il/Elle travaille dans le bureau de l'école.
8   Il/Elle est le chef de l'école.

1	2	3	4	5	6	7	8

Exercice 20

Comment s'appelle …? What are the names of these staff members in your school?

1   Comment s'appelle le directeur/la directrice du collège ? _____
2   Comment s'appelle le professeur de français ? _____
3   Comment s'appelle le /la secrétaire ? _____
4   Comment s'appelle le conseiller/la conseillère d'orientation ? _____
5   Comment s'appelle le gardien/la gardienne ? _____

Communication en classe

▶ Tu étudies quelles matières ?

▶ Est-ce que tu aimes l'anglais/les maths/
le français/… ?

▶ Le français, c'est cool !

▶ Est-ce que tu parles
espagnol/gaélique/allemand/… ?

▶ Est-ce que les cours commencent à neuf
heures ?

▶ Tu arrives à la maison à quelle heure ?

▶ Nous sommes quel jour aujourd'hui ?

▶ L'exercice est pour jeudi.

Mots clés

le bulletin scolaire (m.)

la cantine (f.)

le car scolaire (m.)

le cours (m.)

l'emploi du temps (m.)

l'heure (f.)

le jour (m.)

la journée scolaire (f.)

la matière (f.)

la pause déjeuner (f.)

la récréation (f.)

la semaine (f.)

Épreuve

Question 1

Copy the grid below into your copybook. Then listen to Thomas, Leila, Manon, Camille, Nicolas and Malik talking about their school subjects and fill in the information.

	subject liked	subject disliked	reason given
Thomas			
Leila			
Manon			
Camille			
Nicolas			
Malik			

Question 2

Can you find the twelve school subjects hidden in the mots cachés?

t	g	r	o	t	m	m	d	s	c	e	n	h	e	u	h	x	c	c	e
a	l	é	e	l	b	i	c	d	i	n	t	g	p	q	b	n	n	a	v
q	e	j	o	j	o	i	t	g	e	p	s	c	o	m	m	e	r	c	e
y	x	c	q	g	e	n	o	f	i	j	g	e	o	u	z	e	a	j	v
h	b	i	e	n	r	l	g	b	e	r	i	o	t	s	i	h	r	w	h
l	n	n	c	x	o	a	e	a	d	e	s	s	i	n	a	i	y	e	w
e	m	e	r	n	l	r	p	k	p	c	z	b	s	i	b	p	r	q	v
u	s	q	h	w	j	y	r	h	a	s	k	q	m	e	p	c	e	d	t
q	u	c	w	e	z	p	i	f	i	c	e	c	o	k	e	e	r	j	s
i	e	j	u	u	g	r	z	t	c	e	s	g	m	d	t	b	w	m	e
t	q	v	v	q	v	y	m	l	i	i	h	y	z	o	n	s	m	s	i
a	s	e	t	i	b	f	b	h	a	n	e	z	g	l	y	w	l	o	w
m	i	p	f	s	o	o	i	l	g	s	f	g	l	z	b	b	a	h	i
r	b	b	r	u	g	e	g	j	r	b	f	e	y	p	x	u	j	s	l
o	i	d	a	m	e	n	y	m	z	f	q	j	x	w	k	y	r	j	v
f	l	c	n	s	a	p	b	g	r	g	e	t	r	u	x	t	k	w	h
n	w	j	ç	b	v	v	l	h	n	v	l	x	m	x	q	e	h	x	k
i	s	i	a	y	f	t	r	q	t	t	k	j	d	h	x	v	a	z	d
l	i	u	i	v	o	l	k	i	b	r	r	ç	y	f	x	w	s	c	t
c	a	p	s	g	z	n	é	i	a	i	r	k	r	q	z	z	t	e	j

anglais	espagnol	histoire	sciences
commerce	français	informatique	SVT
dessin	géographie	musique	technologie

Question 3

Add the correct endings to these -er verbs.

1 Luc jou____ au tennis le mercredi.
2 J'ador____ l'histoire.
3 Manon et moi regard____ un DVD.
4 Est-ce que tu aim____ la géo ?
5 Madame Lambert écout____ l'iPod.

6 Est-ce que vous parl____ gaélique ?
7 Ils étudi____ la technologie.
8 Sophie et Louise aim____ l'anglais.
9 Est-ce que tu détest____ les devoirs ?
10 Les cours commenc____ à neuf heures.

For help with this exercise, see page 65.

Question 4

Make the following sentences negative. Write them in your copy.

1 J'aime les sciences.
2 Marie arrive jeudi.
3 Julie et Arnaud sont à l'école.
4 Théo parle allemand.
5 Sophie habite à Clifden.

6 David et moi écoutons le professeur.
7 Madame Dubois enseigne la géo.
8 Tu aimes la grammaire.
9 J'aide maman à la maison.
10 L'espagnol est difficile.

For help with this exercise, see page 67.

Question 5

You will hear six people talking about what they do on a particular day of the week.
Fill in the correct day under each activity.

1   2   3

4   5   6

Question 6

Complete these sentences using the correct form of aller.

1 Je _____ à l'école en car scolaire.
2 Michel _____ à Paris vendredi.
3 Nous _____ en France avec la classe.
4 Ils _____ au collège à huit heures.
5 Est-ce que vous _____ au cinéma ?
6 Tu _____ au match samedi.
7 Marine et Laure _____ dans la salle de classe.
8 Le professeur de sciences _____ dans le laboratoire.

For help with this exercise, see page 75.

Question 7

Listen to Mélanie as she describes her school day and fill in the correct times.

1 – À quelle heure est-ce que tu prends le petit déjeuner ?
– Je prends le petit déjeuner à _____ heures.

2 – À quelle heure est-ce que tu vas à l'école ?
– Je vais à l'école à _____ heures.

3 – À quelle heure est-ce que les cours commencent ?
– Les cours commencent à _____ heures.

4 – À quelle heure est la récréation ?
– La récréation est à _____ heures.

5 – À quelle heure est-ce que tu manges à la cantine ?
– Je mange à _____ heures.

6 – À quelle heure est-ce que tu quittes l'école ?
– Je quitte l'école à _____ heures.

7 – À quelle heure est-ce que tu arrives à la maison ?
– J'arrive à _____ heures.

8 – À quelle heure est-ce que tu fais tes devoirs ?
– Je fais mes devoirs à _____ heures.

Question 8

Change the following statements into questions using est-ce que and write them in your copy. Don't forget the question mark!

1 Tu aimes l'EPS.
2 Claire travaille le vendredi.
3 Philippe aide Paul avec les maths.
4 Ils aiment Avril Lavigne.
5 Le professeur enseigne l'histoire.
6 Nous arrivons à huit heures.

For help with this exercise, see page 71.

Question 9

Read Thibaud's timetable for Monday and Tuesday and decide whether the following statements are vrai (true) or faux (false).

	lundi	mardi
8h	anglais	maths
9h	musique	dessin
10h	français	histoire
11h	maths	géographie
14h	informatique	français
15h	EPS	SVT
16h	instruction civique	anglais

		vrai	faux
1	He has English first class on Monday.		
2	He has music on Tuesday morning.		
3	Art is at ten on Tuesday morning.		
4	He has maths both days.		
5	On Monday he ends the day with PE.		
6	He has computer studies after lunch on Monday.		

Question 10

Listen to pupils telling you the names of their teachers. Write down the five names they spell out for you.

1 _____
2 _____
3 _____
4 _____
5 _____

Question 11

Read Lisette's account of her school and answer the questions below in your copy.

Objet : Mon école

Je m'appelle Lisette Gautier. J'ai quatorze ans. Mon collège s'appelle le Collège Henri Matisse. Je suis en quatrième. Il y a trente-deux élèves dans ma classe.

Voici les matières que j'étudie :
– les mathématiques
– l'histoire-géographie
– le dessin
– l'éducation civique
– le français
– la musique
– l'éducation physique et sportive (EPS)
– les sciences physiques
– l'espagnol
– les sciences de la vie et de la terre (SVT)
– l'anglais

L'année prochaine (troisième), je vais étudier le latin.

Ma matière favorite, c'est l'espagnol. J'aime le mardi, car il y a un double cours d'espagnol. Le professeur s'appelle Mme Diaz. Elle est géniale. Je n'aime pas le dessin. Je ne suis pas très créative et le prof est strict.

Et toi ? Est-ce que tu aimes l'école ? Tu étudies combien de matières ?

Amitiés,
Lisette

1 Which class is Lisette in?
2 Apart from French, which languages does she study?
3 What option will she take next year, in 'troisième'?
4 Why does she like Tuesdays?
5 What does she say about her Spanish teacher?
6 Give **one** reason why she doesn't like art.

Visit
www.edco.ie/bontravail1
for interactive revision exercises

Question 12

Write a short letter to your French pen-pal, giving the following details:
– name of your school
– class you are in
– subjects you study
– **one** subject you like and why
– **one** subject you dislike and why
– what time school starts and finishes.

For help with this exercise, see page 80.

Unité 4

Voici la famille

Dans ma famille, il y a …

mon père

mon grand-père

ma grand-mère

ma mère

ma sœur

mon frère

Salut ! Je m'appelle Kévin. Voici une photo de ma famille à la plage avec mes grands-parents. Je ne suis pas sur la photo. Nous sommes cinq dans ma famille : mon père, ma mère et trois enfants. J'ai un frère et une sœur. Mon frère s'appelle Joël et ma sœur s'appelle Léa. Mon père s'appelle François et ma mère s'appelle Hélène. Mes grands-parents sont Jean et Marguerite.

Exercice 1

Answer the questions about Kévin's family.

1   How many children are there in the family?
2   Who is Joël?
3   What is the name of Kévin's father?
4   What is his mother called?
5   How is Marguerite related to Kévin?

Exercice 2

Complétez les phrases suivantes. Still looking at the picture of Kévin's family, fill in the gaps in the following sentences.

Exemple : Kévin est le *frère* de Léa.

1 Marguerite est la _____ de François.

2 Léa est la _____ de Joël.

3 Jean est le _____ de Kévin.

4 François est le _____ de Léa et de Joël.

5 Marguerite est la _____ de Kévin.

6 Kévin est le _____ de Joël.

Attention!

In French there is no apostrophe to show possession, as in 'Kévin's father'. Instead you say 'the father of Kévin' – **le père de Kévin**, 'the mother of Joël' – **la mère de Joël**, etc. You will learn more about this in Unité 6, pages 170–1.

4.1 Écoutons maintenant!

Listen to these descriptions of five families and number each picture to match the description.

1 **Aline :** Voici une photo de ma famille. Nous sommes trois : mon père, ma mère et moi. Je suis enfant unique.

2 **Damien :** Dans ma famille, il y a six personnes : ma mère, mon père, mes deux sœurs, Lorraine et Lucie, mon frère, Benjamin, et moi.

3 **Delphine :** Me voici avec mes parents dans les Alpes. Il y a quatre personnes dans ma famille – ma petite sœur s'appelle Élise.

4 **Julien :** Voici une photo de ma famille. Il y a mon père, ma mère, ma sœur, Carole, et moi.

5 **Marine :** Nous sommes trois dans ma famille – ma mère, ma sœur et moi. Ma sœur s'appelle Mélodie.

a   b   c   d   e

Coin grammaire: Possessive adjectives (les adjectifs possessifs)

My (mon, ma, mes)

- Read Damien's description of his family again. When speaking about the members of his family, he said 'ma mère', 'mon père', 'mes deux sœurs'. He used mon, ma and mes to say *my*.

- These words are called possessive adjectives, les adjectifs possessifs.

- In English we just have one word, *my*, but in French there are three different ways of saying *my*.

- The word used for *my* depends on the **gender** (masculine or feminine) of what is owned and whether it is **singular** or **plural**. It doesn't matter who is saying *my*.

possessive adjectives	when to use them
mon	before masculine singular nouns (le)
ma	before feminine singular nouns (la)
mes	before all plural nouns (les)

mon frère

ma famille

mes sœurs

- Mon is also used before **all** singular nouns beginning with a vowel or silent 'h' (where l' is used), e.g. 'mon école', 'mon agenda', 'mon oncle'.

Exercice 3

Daniel introduces his family. Complete the sentences.

1   Voici _____ mère.
2   Voici _____ frère, Noé.
3   Voici _____ père.
4   Voici _____ grand-mère.
5   Voici _____ sœurs, Léa et Denise.
6   Et voici _____ chats, Mimi et Juno.

Exercice 4

Complete these sentences using the words from the photo frame.

1   J'aime _____ cousins.
2   L'anglais est _____ matière favourite.
3   _____ frère Cillian est sympa.
4   _____ famille habite à Cavan.
5   _____ école est super !
6   Je n'aime pas _____ emploi du temps.

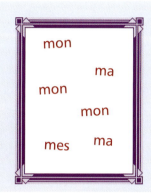

mon
ma
mon
mon
mes
ma

Parlons maintenant !

Working with your partner, pretend you are introducing your family to a French visitor. Your partner is the French visitor. Then swap roles so that you are the French visitor.

Your

- In French, the words used for *your* are ton, ta and tes.
- Again, remember: it is what is owned that will decide which form you use!

possessive adjectives	when to use them
ton	before masculine singular nouns (le)
ta	before feminine singular nouns (la)
tes	before all plural nouns (les)

C'est ton père ?

Merci pour ta lettre.

Tu as tes devoirs ?

- Ton is also used before **all** singular nouns beginning with a vowel or silent 'h' (where l' is used), e.g. 'ton école', 'ton agenda', 'ton oncle'.

Exercice 5

Faites des paires ! Using the words in the circles below, fill in the blanks in the cartoons.

ta   ton   tes   ta   ton   tes

1 C'est _____ frère ?

2 _____ sœur est à Paris ?

3 C'est une photo de _____ grand-père ?

4 Ce sont _____ cousins ?

5 Est-ce que _____ mère est professeur ?

6 Est-ce que _____ parents sont stricts ?

 ## Parlons maintenant !

Ask your partner if each of these items belongs to him or her. Use the correct form **ton**, **ta** or **tes** each time. Your partner replies using **mon**, **ma** or **mes**. Then swap roles.

Exemple : – C'est **ta** règle ?   – Oui, c'est **ma** règle.

1   2   3   4   5   6

His/Her

- To say *his* or *her*, you use son, sa or ses.
- The words son, sa and ses can mean *his*, *her* or *its*. So, if you say sa mère, it could mean *his mother* or *her mother*.

possessive adjectives	when to use them
son	before a masculine noun (le)
sa	before a feminine noun (la)
ses	before plural nouns (les)

sa grand-mère   son grand-père   ses grands-parents

sa grand-mère   son grand-père   ses grands-parents

- Son is also used before **all** singular nouns beginning with a vowel or silent 'h' (where l' is used), e.g. 'son école', 'son agenda', 'son oncle'.

4.2 Écoutons maintenant!

Listen and fill in the missing word: son, sa or ses.

1. Caroline habite avec _____ famille.
2. Chloé adore _____ oncle.
3. Papa rend visite à _____ parents.
4. Il cherche _____ cahiers dans _____ cartable.
5. Comment s'appelle _____ frère?
6. Thierry rend visite à _____ oncle et _____ tante.

Lisons et écrivons maintenant!

Lucien has received the following email from his Irish correspondante Sinéad.

Objet: Ma famille

Salut Lucien!

Dans ma famille, il y a cinq personnes. Mon père s'appelle Donal et ma mère s'appelle Linda. Mes frères s'appellent Conor et Eoin.

Ma maison est dans la ville de Kilkenny. Mon école s'appelle St John's Community School. J'aime mes matières. Ma matière favorite est le français.

Mon chien a six ans. Mon amie s'appelle Niamh.

Amitiés,
Sinéad

Now Lucien is telling his friend about Sinéad's letter. What does he say? Write out the sentences in your copy.

Exemple: Dans sa famille, il y a cinq personnes.

4.3 Écoutons maintenant!

Listen to these two French students, Thomas and Manon, introducing their families. Complete the information below.

Thomas

Number of people in his family	
Number of brothers	
Number of sisters	
One detail about Alex	
Mother's job	
Where his father works	

Manon

1 Manon is _____ years of age.
2 There are _____ people altogether in her family.
3 Lucie is her _____.
4 Lucie lives in _____.
5 Manon says her mother is _____.

Coin grammaire: The verb 'avoir'

- The verb avoir *to have* is an irregular verb and therefore must be learned par cœur.
- You will need to use it to talk about your family.
- In French, avoir is also used to talk about your age. J'ai treize ans is like saying in English *I have thirteen years*; in other words, *I am thirteen*.

J'ai treize ans!

J'ai quatorze ans!

4.4 Écoutons maintenant!

Listen to how the verb avoir sounds in the present tense.

j'	ai	*I have*
tu	as	*you have*
il	a	*he has*
elle	a	*she has*
nous	avons	*we have*
vous	avez	*you have*
ils	ont	*they have*
elles	ont	*they have*

Exercice 6

Fill in the missing parts of the verb avoir in the grid.

j'	ai
tu	
il	a
elle	
nous	
vous	avez
ils	
elles	ont

Exercice 7

Fill in the missing parts of the verb **avoir** in the following sentences.

1   J'_____ deux sœurs.
2   Mon frère _____ vingt-deux ans.
3   Mes grands-parents _____ un chien.
4   Tu _____ des cousins?
5   Jasmine et Morgane _____ quatorze ans.
6   Vous _____ des tantes?
7   Julie _____ un demi-frère.
8   Thierry et moi _____ un match de football samedi.

The verb 'avoir' in a negative sentence

- To write the negative of the verb **avoir**, you put **ne** before the verb and **pas** after.
- Remember to shorten the **ne** to **n'**, because every part of the verb begins with a vowel.

je	n'ai	pas
tu	n'as	pas
il	n'a	pas
elle	n'a	pas
nous	n'avons	pas
vous	n'avez	pas
ils	n'ont	pas
elles	n'ont	pas

Exemples : Je **n'**ai **pas** de sœur.   Il **n'**a **pas** douze ans.

See also the negative of **être**, page 41.

Exercice 8

Écrivez les phrases suivantes dans ton cahier à la forme négative.

1   Ils ont beaucoup de tantes.
2   Tu as quatre grands-parents.
3   Nous avons le nouveau professeur de français.
4   J'ai maths à dix heures.
5   Vous avez deux cousins à Paris.
6   Jean a deux oncles au Canada.
7   Sophie a trois sœurs en Irlande.
8   Elles ont beaucoup de stylos.

Coin grammaire : Asking questions (poser des questions)

- In Unité 3 (page 71) you learned to use the little phrase est-ce que when you wanted to ask a question.

- You can also use question words, such as:

  Combien …? *(how many?)*   Il y a combien de personnes dans ta famille ?
  Où …? *(where?)*   Où est-ce que tu habites ?
  Quel …? *(what?)*   Tu as quel âge ?

- You will build up a store of these as you learn more French.

4.5 Écoutons maintenant !

Listen to this interview and write the correct replies from the yellow box.

> J'ai un frère, Noé.   J'habite à Toulouse.
> Oui, elle s'appelle Nathalie.   J'ai quatorze ans.
> Je m'appelle Sylvie Durand.   Nous sommes cinq dans ma famille.

1   – Bonjour, comment tu t'appelles ?
    – _____

2   – Tu as quel âge ?
    – _____

3   – Où est-ce que tu habites ?
    – _____

4   – Il y a combien de personnes dans ta famille ?
    – _____

5   – Tu as des frères ?
    – _____

6   – Et une sœur ?
    – _____

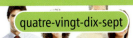

Parlons maintenant !

(a) Pretend you are being interviewed for a local French radio station. Using the questions from 4.5, plan your answers. Take turns with your partner to ask each other the questions.

(b) Now pretend to be someone from a famous family, e.g. the Simpsons, and do a similar interview.

Rappel!
Don't forget to use the verb **avoir** *(to have)*: see page 95.

– Il y **a** combien de personnes dans ta famille ? — Il y **a** … personnes.
– Est-ce que tu **as** des frères ? — Oui, j'**ai** … frère(s).
  — Non, **je n'ai pas** de frère.
  — Non, je suis fils/fille unique.
   (*I am an only child.*)

– Tu **as** des sœurs ? — Oui, j'**ai** … sœur(s).
  — Non, **je n'ai pas** de sœur.

– Ton frère/Ta sœur **a** quel âge ? — Il **a**/Elle **a** … ans.
– Tes frères/Tes sœurs **ont** quel âge ? — Ils **ont**/Elles **ont** …

L'arbre généalogique (the family tree)

Exercice 9

Faites des paires ! Here are some more words for family members. Using a dictionary or your *Lexique*, can you match up the male and female pairs? You should find eight pairs in addition to the example.
Exemple : femme – mari

neveu, grand-mère, tante, femme, demi-sœur, petite-fille, petit-fils, nièce, demi-frère, beau-père, fille, cousin, grand-père, cousine, fils, belle-mère, oncle, mari

Exercice 10

Complete each sentence with the word for a family member.

1   La fille de mon oncle est ma _____.

2   Ma mère est la _____ de mon père.

3   Le frère de mon père est mon _____.

4   Mon oncle Michel est le _____ de ma tante Maryse.

5   Le fils de tante Cécile est mon _____.

6   Le fils de ma belle-mère et de mon père est mon _____.

Exercice 11

Here is Philippe's family tree. Fill in the blank under each name, using words from the list which follows.

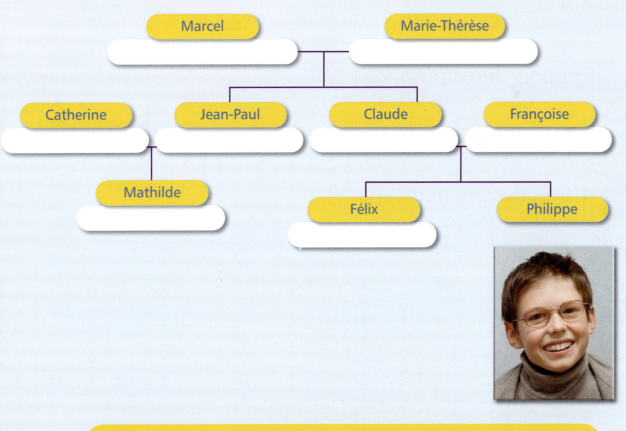

tante   père   oncle   grand-mère   cousine   grand-père   frère   mère

Écrivons maintenant !

Stéphanie is writing to her new Irish correspondant, Danny, to tell him about herself and her family. She has had a problem with her computer and the description of her family is difficult to read. Rewrite her email correctly.

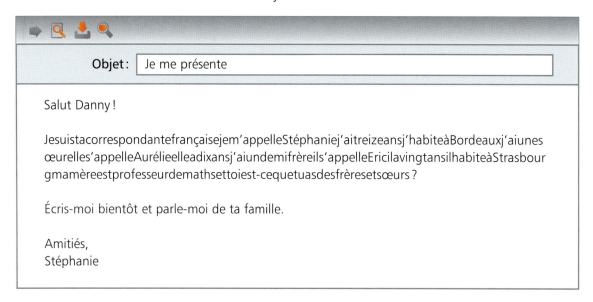

Objet : Je me présente

Salut Danny !

Jesuistacorrespondantefrançaisejem'appelleStéphaniej'aitreizeansj'habiteàBordeauxj'aiunes œurelles'appelleAurélieelleadixansj'aiundemifrèreils'appelleEricilavingtansilhabiteàStrasbour gmamèreestprofesseurdemathsettoiest-cequetuasdesfrèresetsœurs ?

Écris-moi bientôt et parle-moi de ta famille.

Amitiés,
Stéphanie

Encore des nombres !

Now that you can count to **30**, it is not hard to count a little further.

The pattern which you used from **21** to **29** (see page 45) is repeated for the numbers **30, 40** and **50**.

4.6 Écoutons maintenant !

Listen to the numbers from 30 to 50.

trente	30	quarante	40
trente-et-un	31	quarante-et-un	41
trente-deux	32	quarante-deux	42
trente-trois	33	quarante-trois	43
trente-quatre	34	quarante-quatre	44
trente-cinq	35	quarante-cinq	45
trente-six	36	quarante-six	46
trente-sept	37	quarante-sept	47
trente-huit	38	quarante-huit	48
trente-neuf	39	quarante-neuf	49
		cinquante	50

Exercice 12

Find the missing numbers between 40 and 50 and write them out. There are three of them.

quarante-et-unquarante-troisquarante-quatrequarante-cinqquarante-septquarante-neufcinquante

Exercice 13

Write the prices in the spaces provided.

1   cinquante-cinq euros

2   _____

3   _____

4   _____

5   _____

6   _____

Attention!
Don't forget to add an
's' to the word **euro**.

Quelle heure est-il? (2)

In Unité 3 (page 72), you learned how to tell the time on the hour. Now it is time to learn some more phrases.

▶ To say *a quarter past*, use the phrase et quart.

Il est trois heures et quart.

▶ To say *half past*, use the phrase et demie.

Il est trois heures et demie.

▶ In English, we use the phrase *a quarter to*. French people say 'less the quarter': moins le quart.

Il est quatre heures moins le quart.

▶ To say midday or midnight, use the phrases il est midi and il est minuit.

Il est midi.   Il est minuit.

Exercice 14

Faites des paires! Match the sentences below with the correct time on the watches.

a	Il est dix heures et quart.	b	Il est une heure et demie.
c	Il est midi.	d	Il est minuit.
e	Il est minuit moins le quart.	f	Il est cinq heures et demie.
g	Il est deux heures et quart.	h	Il est six heures moins le quart.

4.7 Écoutons maintenant !

À quelle heure ? Write down the times you hear.

1   Mon père arrive à _____ .
2   Je vais à l'école à _____ .
3   Ma mère rentre à _____ .
4   Je rencontre mes amis à _____ .
5   Tu téléphones à ton grand-père à _____ .
6   Ses cours commencent à _____ .

Coin grammaire : Reflexive verbs (les verbes pronominaux)

What is a reflexive verb?

- The verb s'appeler is used to give your own or someone else's name. It is a **reflexive verb**.

- Reflexive verbs les verbes pronominaux use an extra pronoun, called the reflexive pronoun. This pronoun refers back to the person or thing which is the subject of the verb (e.g. *myself*, *ourselves*).

  Exemples :

  Je **m'**appelle Raphaël.   *I call myself/I am called Raphaël.*
  Ma mère **s'**appelle Louise.   *My mother calls herself/My mother is called Louise.*

- Using a reflexive verb need not be difficult, because most reflexive verbs are regular -er verbs.

4.8 Écoutons maintenant !

Listen to how the verb se laver *(to wash oneself)* sounds in the present tense. The reflexive pronouns are in **bold** type.

je	**me**	lave	*I wash **myself***
tu	**te**	laves	*you wash **yourself***
il	**se**	lave	*he washes **himself***
elle	**se**	lave	*she washes **herself***
nous	**nous**	lavons	*we wash **ourselves***
vous	**vous**	lavez	*you wash **yourself/yourselves***
ils	**se**	lavent	*they wash **themselves***
elles	**se**	lavent	*they wash **themselves***

Exercice 15

Fill in the missing pronouns and parts of the verb **se coucher** *(to go to bed)* in the grid.

je	me	couche
tu	te	
	se	couche
elle	se	
nous		couchons
vous		couchez
ils		couchent
	se	

Useful reflexive verbs

Here are some reflexive verbs in the present tense that you can use when **writing** and **speaking French**.

s'	amuser*	to enjoy oneself	je	m' amuse	I enjoy myself
s'	appeler*	to call oneself	je	m' appelle	I call myself/I am called
se	brosser les dents/cheveux	to brush one's teeth/hair	je	me brosse les dents/cheveux	I brush my teeth/hair
se	demander	to ask oneself/wonder	je	me demande	I ask myself/wonder
se	doucher	to have a shower	je	me douche	I have a shower
s'	habiller*	to dress oneself	je	m' habille	I get dressed
se	laver	to wash	je	me lave	I wash myself
se	lever	to get up	je	me lève	I get up
se	reposer	to rest	je	me repose	I rest
se	réveiller	to wake up	je	me réveille	I wake up

* When the verb begins with a vowel (as in **s'amuser**) or silent 'h' (as in **s'habiller**):
- the **me** shortens to **m'**
- the **te** shortens to **t'**
- the **se** shortens to **s'**.

Exercice 16

Read Myriam's account of a typical school day and fill in the missing verb or reflexive pronoun in each sentence. Use reflexive verbs from page 104.

1   Je me _____ à sept heures et demie.

2   Je _____ lève à huit heures.

3   Je me _____ dans la salle de bains.

4   Je _____ brosse les dents.

5   Je m'_____ dans ma chambre.

6   Je me _____ à dix heures et quart.

4.9 Écoutons maintenant!

Listen and write the four sentences you hear in your copy.

Exercice 17

Faites des paires ! The Hervé family is on holiday in Provence with their cousins. They are staying in a large country house. Can you see what each of them is doing? Put the number of the correct description in each box on the picture. The first one is done for you.

1   Louis se réveille.
2   Lucien s'habille.
3   Kévin s'amuse.
4   Maman se repose.
5   Marine se lève.
6   Laure se brosse les dents.
7   Papa se couche.
8   Damien se douche.

Coin dictionnaire : Reflexive verbs (les verbes pronominaux)

brûler [bryle] *(verbe)*
1   to burn: **Paul a brûlé ses vieux papiers** Paul burned his old papers; *(fig)* **brûler un feu rouge** to go through a red light
2   to be on fire: **la maison brûle !** the house is on fire!
3   to be burning hot: **ne touche pas, ça brûle** don't touch that, it's burning hot.
▷ **se brûler** *(verbe pronominal)*
    to burn oneself: **je me suis brûlé** I burned myself; **je me suis brûlé les doigts** I burned my fingers.

casser [kɑse]*(verbe)*
    to break: **je vais casser le verre** I'm going to break the glass; **la corde a cassé** the rope broke; *(fig)* **casser les prix** to slash prices.
▷ **se casser** *(verbe pronominal)*
    to break: **la tasse s'est cassée** the cup broke; **Marie s'est cassé la jambe** Marie broke her leg.

Attention !
Reflexive verbs have **se** or **s'** in front of them when you look them up in the dictionary, e.g. **se demander, s'habiller**.

Negative form of reflexive verbs

4.10 Écoutons maintenant !

Listen to how the verb **se coucher** *(to go to bed)* sounds in the negative.

je	**ne**	me	couche	**pas**
tu	**ne**	te	couches	**pas**
il	**ne**	se	couche	**pas**
elle	**ne**	se	couche	**pas**
nous	**ne**	nous	couchons	**pas**
vous	**ne**	vous	couchez	**pas**
ils	**ne**	se	couchent	**pas**
elles	**ne**	se	couchent	**pas**

- Can you see where you put the **ne** and **pas** when the verb is reflexive?

    You put the **ne** before the reflexive pronoun. The **pas** goes after the verb as usual.

Je **ne** me couche **pas**.

Write these sentences in the negative form in your copy.

1   Je me dispute avec mon frère.
2   Il se couche de bonne heure.
3   Nous nous reposons le week-end.
4   Vous vous réveillez à dix heures le dimanche.
5   Elles s'amusent à l'école.
6   Le professeur se repose dans la salle de classe.

Civilisation : Bon anniversaire!

▶ French families celebrate birthdays – les anniversaires. As well as friends, la marraine *(godmother)* and le parrain *(godfather)* are often invited and of course mamie *(granny)* and papy *(granddad)* also come along to celebrate.

Les mois de l'année

4.11 Écoutons maintenant!

Listen to the months of the year in French and repeat them.

fête des rois

poisson d'avril

| janvier | février | mars | avril |

le muguet

| mai | juin | juillet | août |

Attention!
Just like the days of the week (see page 68), the months of the year have no capital letters in French.

la rentreé

les vendanges

| septembre | octobre | novembre | décembre |

Lisons maintenant !

Read these posters advertising various events and fill in the days and months in the grid below.

Festival de la Camargue – fêtons la Nature !

du mar. 2 au sam. 6 mai

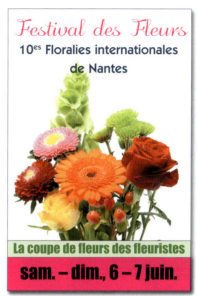

Festival des Fleurs

10ᵉˢ Floralies internationales de Nantes

La coupe de fleurs des fleuristes

sam. – dim., 6 – 7 juin.

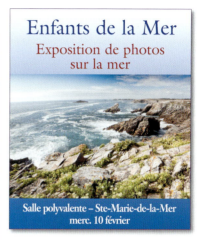

Enfants de la Mer

Exposition de photos sur la mer

Salle polyvalente – Ste-Marie-de-la-Mer
merc. 10 février

Festival du Cinéma
Films pour les enfants

Cinéplex St-Martin,
ven. 10 janvier

Festival de la Musique
Concert avec l'orchestre du Collège St-Martin

mar. 10 juillet

Festival des Danses

Danse avec nous !
Rock – Swing – Salsa

Les Quais de Bordeaux
jeu.–ven., 16–17 mars

The Camargue is an area around the delta of the river Rhône, in the south of Provence. It is well known for its flamingos and wild horses. It is also an area where bulls are reared and a form of bull-fighting is still popular.

festival	day(s)	month
Photo exhibition	Wednesday	February
Flower festival		
Concert		
Cinema festival		
Dance festival		
Camargue festival		

Quelle est la date de ton anniversaire?

Quelle est la date de ton anniversaire?

Mon anniversaire est le vingt-trois juin.

Exercice 19

Follow the strings and find out the dates of these people's birthdays. Then write a sentence for each person in your copy.

Exemple : Thomas: Son anniversaire est le 12 juin.

| Thomas | Manon | Malik | Camille | Nicolas | Leila |

| **21** | **14** | **12** | **10** | **5** | **9** |
| novembre | février | juin | avril | août | octobre |

4.12 Écoutons maintenant!

Listen and mark these birthdays on the calendar. The first one is done as an example.

Exemple :

janvier

1	2	3	4	5	6
7	8	9	10	11	12	13
⑭	15	16	17	18	19	20
21	22	23	24	25	26	27
28	29	30	31

1

février

		1	2	3
4	5	6	7	8	9	10
11	12	13	14	15	16	17
18	19	20	21	22	23	24
25	26	27	28

2

mars

1	2	3	4	5	6
7	8	9	10	11	12	13
14	15	16	17	18	19	20
21	22	23	24	25	26	27
28	29	30	31

3

avril

1	2	3	4	5	6
7	8	9	10	11	12	13
14	15	16	17	18	19	20
21	22	23	24	25	26	27
28	29	30

4

mai

1	2	3	4	5	6
7	8	9	10	11	12	13
14	15	16	17	18	19	20
21	22	23	24	25	26	27
28	29	30	31

5

juin

1	2	3	4	5	6
7	8	9	10	11	12	13
14	15	16	17	18	19	20
21	22	23	24	25	26	27
28	29	30

Parlons maintenant !

Ask your partner these questions and note down his or her answers. Get your partner to check that they are correct.

– Quelle est la date de ton anniversaire ?   – C'est le _____.
– C'est quand l'anniversaire de ton ami(e) ?   – C'est le _____.
– C'est quand l'anniversaire de ta cousine ?   – C'est le _____.

Lisons maintenant !

(a)   Read these details about the singer Justin Bieber and answer the questions.

Nom : Bieber
Prénom : Justin
Date de naissance : 1 mars 1994
Lieu de naissance : Ontario, Canada
Famille : Il n'a pas de frère. Il n'a pas de sœur. Il est enfant unique. Sa mère s'appelle Pattie.
Instruments : la guitare, la trompette, le piano

1   What is Justin's date of birth?
2   Where was he born?
3   Has he any brothers or sisters?
4   Who is Pattie?

(b)   Read these details about the actress Miley Cyrus and answer the questions.

Nom : Cyrus
Prénom : Destiny Hope (Miley)
Date de naissance : 23 novembre 1992
Taille : 1m64
Parents : mère – Laeticia, père – Billy Ray
Famille : Elle a trois demi-frères, un frère et une sœur.

1   What are Miley's other names?
2   How tall is she?
3   Who is Billy Ray?
4   How many sisters does she have?

Civilisation: Bonne fête!

As well as their birthdays, French people often celebrate their fête *(feast day)*. Each day of the calendar is dedicated to a saint. If you have the same name as the saint, that day becomes your *name day* or fête. For example, if you were called Louise, you would celebrate your fête on 15 March.

Janvier			Février			Mars		
Mar	1	Jour de l'An	Ven	1	Be Ella	Sam	1	Ste Aubin
Mer	2	St Basile	Sam	2	Présent. du Seigneur	Dim	2	St Charles le Bon
Jeu	3	Ste Geneviève	Dim	3	St Blaise	Lun	3	St Guénolé
Ven	4	St Odilon	Lun	4	Ste Véronique	Mar	4	St Casimir
Sam	5	St Edouard	Mar	5	Mardi gras	Mer	5	Ste Olive
Dim	6	Épiphanie	Mer	6	Cendres	Jeu	6	Ste Colette
Lun	7	St Raymond	Jeu	7	Be Eugénie	Ven	7	Ste Félicité
Mar	8	St Lucien	Ven	8	Ste Jacqueline	Sam	8	St Jean de Dieu
Mer	9	Ste Alix	Sam	9	Ste Apolline	Dim	9	Ste Françoise
Jeu	10	St Guillaume	Dim	10	Carême	Lun	10	St Vivien
Ven	11	St Paulin	Lun	11	N.-D. de Lourdes	Mar	11	Ste Rosine
Sam	12	Ste Tatiana	Mar	12	St Félix	Mer	12	Ste Justine
Dim	13	Bapt. du Seigneur	Mer	13	Ste Béatrice	Jeu	13	St Rodrigue
Lun	14	Ste Nina	Jeu	14	St Valentin	Ven	14	Ste Mathilde
Mar	15	St Rémi	Ven	15	B. Claude	Sam	15	Ste Louise
Mer	16	St Marcel	Sam	16	Ste Julienne	Dim	16	Rameaux
Jeu	17	Be Roseline	Dim	17	St Alexis	Lun	17	St Patrice
Ven	18	Ste Prisca	Lun	18	Ste Bernadette	Mar	18	St Cyrille
Sam	19	St Marius	Mar	19	St Gabin	Mer	19	St Joseph
Dim	20	St Sébastien	Mer	20	Be Aimée	Jeu	20	St Herbert/Jeudi Saint
Lun	21	Ste Agnès	Jeu	21	St Pierre Damien	Ven	21	Vendredi Saint
Mar	22	St Vincent	Ven	22	Be Isabelle	Sam	22	Ste Léa/Samedi Saint
Mer	23	St Barnard	Sam	23	St Lazare	Dim	23	Pâques
Jeu	24	St François de Sales	Dim	24	St Modeste	Lun	24	Ste Cather. de Suède
Ven	25	Conv. St Paul	Lun	25	St Roméo	Mar	25	St Humbert
Sam	26	Ste Paule	Mar	26	St Nestor	Mer	26	Ste Larissa
Dim	27	Ste Angèle	Mer	27	Ste Honorine	Jeu	27	St Habib
Lun	28	St Thomas d'Aquin	Jeu	28	Mi-carême	Ven	28	St Gontran
Mar	29	St Gildas	Ven	29	St Auguste	Sam	29	Ste Gladys
Mer	30	Ste Martine				Dim	30	B. Amédée
Jeu	31	Ste Marcelle				Lun	31	Annonciation

Exercice 20

Quand est sa fête? Find the date of these people's fête.

1 Lucien 2 Béatrice 3 Vivien 4 Thomas 5 Isabelle 6 Justine

4.13 Écoutons maintenant!

Listen to eight people talking about cards they receive. Who receives which card?

a

Karim,
je t'invite chez
moi le samedi
7 février à dix-sept
heures pour fêter
mon anniversaire,
Khalid

b

Joyeux Noël

c

Bonne rentrée!

d

Bon anniversaire

e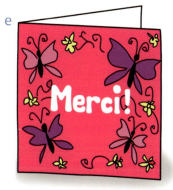

Merci!

f

Félicitations!

g

Bonne chance!

h

Joyeuses pâques

1	2	3	4	5	6	7	8
Pierre	Océane	Max	Mathéo	Clémence	Anne	Karim	Émilie

Exercice 21

Design two French greeting cards:

1 a birthday card for your French correspondant(e)
2 a Christmas card for your French teacher.

Meilleurs vœux!
Amuse-toi bien!
Passe une agréable journée!
Amitiés de …

Coin grammaire: Present tense of '-ir' verbs

- In Unité 3 (page 64), you learned how to make the present tense of -er verbs.

- You are going to learn how to use -ir verbs.

- Look at how **le présent** of the verb **finir** *(to finish)* is formed. There are two steps:

Step 1: Take away the **-ir** ending. What remains is the stem:

Step 2: Add the endings for each person to the stem, as follows:

je	fin**is**	nous	fin**issons**
tu	fin**is**	vous	fin**issez**
il	fin**it**	ils	fin**issent**
elle	fin**it**	elles	fin**issent**

- You need to learn these endings **par cœur**.

4.14 Écoutons maintenant!

Listen to how the verb **finir** sounds in the present tense. You will notice that, although the spellings are different, some of the words sound the same.

Attention!
You never hear the final **-ent** of the present tense.

Exercice 22

Fill in the missing parts of the verb **grandir** *(to grow up)* in the grid.

je	
tu	grandis
il	
elle	grandit
nous	
vous	grandissez
ils	
elles	grandissent

Exercice 23

(a) Write these sentences in your copy, using the correct forms of the **-ir** verbs in brackets.
If you are not sure of the meaning of any of them, check in your *Lexique*.

1 Mon oncle (bâtir) un mur.
2 Ma mère (nourrir) le bébé.
3 Nous (finir) les cours à 17 heures.
4 Sophie (rougir) quand Alain arrive.
5 Tu (grandir), Charles !
6 Vous (choisir) ces cartes postales.
7 Les élèves (réussir) aux examens.
8 Je (frémir) de froid.

(b) Now match the sentences above to the correct picture.

a b c d e f g h

Exercice 24

Write the sentences from Exercice 23 (a) in the
negative form.

Rappel !
Le négatif 'ne … pas' d'un verbe en **-ir** :
Je **ne** choisis **pas** de cadeau pour Marie.
Paul **ne** finit **pas** ses devoirs ce soir.

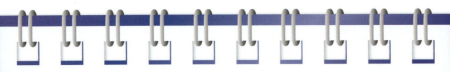

Mots clés

l'anniversaire (m.)	le grand-père (m.)	le père (m.)
la famille (f.)	la mère (f.)	la sœur (f.)
le frère (m.)	midi (m.)	la tante (f.)
la grand-mère (f.)	minuit (m.)	
les grands-parents (m.pl.)	l'oncle (m.)	

Communication en classe

- ▶ Aujourd'hui, nous sommes lundi/mardi …
- ▶ Quelle est la date aujourd'hui ?
- ▶ Tu as ton exercice ?
- ▶ Catherine, est-ce que tu as un stylo ?
- ▶ Les cours finissent à midi et demi.
- ▶ Voici les devoirs pour le vendredi 12.
- ▶ J'étais absente le jeudi 11.
- ▶ Finissez maintenant !

Épreuve

Question 1

Listen and fill in the information required.

1

Name:	Zoé
Age:	
Birthday:	
Number of sisters:	

2

Name:	Olivier
Age:	
Birthday:	
Number of sisters and brothers:	

Question 2

Fill in the blank in each sentence by looking at the relationships in this family tree.

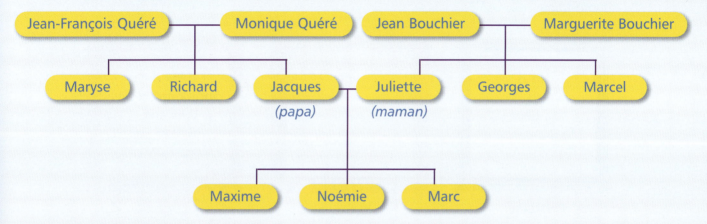

1   Noémie est la _____ de Marc.

2   Richard est le _____ de papa.

3   Maryse est la _____ de Marc, Noémie et Maxime.

4   Georges est le _____ de Jean et Marguerite Bouchier.

5   Juliette est la _____ de Marc, Noémie et Maxime.

6   Marcel est l' _____ des enfants.

7   Noémie est la _____ de Juliette et Jacques.

8   Jean-François est le _____ de Richard.

9   Marc est le _____ de Jean et Marguerite.

10 Noémie est la _____ de Jean-François et Monique.

Question 3

Write the correct possessive adjectives in these sentences.

1   J'habite avec _____ famille.

2   Je finis _____ devoirs à sept heures.

3   Tu adores _____ grands-parents.

4   Sophie travaille avec _____ oncle.

5   Il n'aime pas _____ cousine Louise.

6   Tu te disputes avec _____ père ?

7   Je téléphone à _____ oncle.

8   Elle s'amuse avec _____ cousins.

For help with this exercise, see pages 91 & 93.

Question 4

Using the pictures to help you, make five sentences. Choose an item from each photo frame.

Nous
Ils
Le bébé
Ma grand-mère
Cousine Alice

Personne

ont
a
a
avons
a

Verbe

deux ans.
cinquante-six ans.
dix ans.
dix-huit ans.
vingt-cinq ans.

Âge

1   2   3   4   5

1 _____

2 _____

3 _____

4 _____

5 _____

For help with this exercise, see page 95.

Question 5

Listen to the questions and write them beside the correct response.

1 _____ ? – Ian Cullen.

2 _____ ? – J'ai quatorze ans.

3 _____ ? – J'ai deux frères et une sœur.

4 _____ ? – Le 8 décembre.

5 _____ ? – J'habite à Carlow.

Question 6

Listen to these people, who have tickets for the local raffle (la tombola).
Which ticket number has each person?

1	Valérie Déréat		2	Éric Collet		3	Chrystèle Cotin	
4	Didier Garcia		5	Carole Tromeur		6	Pascal Loret	

For help with this exercise, see page 100.

Question 7

Listen to Luc describing what he does each day and write the time on each watch face.

For help with this exercise, see page 102.

Question 8

(a) Fill in the correct form of the verb.

1 Les enfants (se lèvent / se levez) _____.
2 Je (me brosse / me brossent) _____ les dents.
3 Sabine et Paul (se disputes / se disputent) _____.
4 Suzanne (s'amuse / s'amusent) _____.
5 Nous (nous habillons / nous habillent) _____.
6 Il (se couche / se couches) _____ à 10h00.

(b) Number the pictures to match the sentences.

a   b   c

d   e   f

For help with this exercise, see page 103.

Question 9

Write the dates of the following events in French.

1 French national holiday   *le quatorze juillet*

2 St Patrick's Day   _____

3 New Year's Eve   _____

4 Christmas Day   _____

5 Your birthday   _____

6 A friend's birthday   _____

7 The day your next holidays will start   _____

Question 10

Look at this brochure for a wildlife park and answer the questions which follow.

OUVERTURES/HORAIRES

Du 22 mars au 5 novembre :
Ouvert 6 jours sur 7 (sauf le mercredi).
Vacances scolaires (Pâques, été,
Toussaint) :
Ouvert 7 jours sur 7.

mars, sept., oct., nov.	avril, mai, juin	juillet, août
14h30	14h	15h
15h30	15h	16h
16h30	16h30	17h30

1 The park is open to tourists from 22 March until when?
2 Which day of the week is the park closed during term time?
3 During which months do the visiting hours begin at 2:30 p.m.?
4 There are tours at 2 o'clock, 3 o'clock and 4:30 during which months?
5 During which months is the last tour at 5:30 p.m.?

Question 11

(a) Write the correct forms of the verbs in brackets.

(b) Rewrite the sentences in the negative form in your copy.

1 Joël (finir) _____ ses devoirs à neuf heures et quart.
2 Je (choisir) _____ une carte pour l'anniversaire de papa.
3 Sophie et Charles (grandir) _____ en France.
4 Mon chat (nourrir) _____ son bébé.
5 Vous (bâtir) _____ une maison à Marseille.

For help with this exercise, see page 114.

Question 12

Lettre symbole ! Rewrite this letter in your copy, replacing the symbols with words you have learned.

Vannes, le 17 mars

Chère Laoise,

Comment vas-tu ? J'espère que toute ta famille va bien.

Voici une photo de ma . À gauche, c'est ma , elle s'appelle Yvette. Mon s'appelle Guy. J'ai un qui s'appelle Hervé. Il a ans. Son anniversaire est le .

Ma s'appelle Solène. Elle a ans. Son anniversaire est le .

Et moi? Mon anniversaire est le . J'ai ans.

Écris-moi et dis-moi la date de ton . Est-ce que tu as des frères et sœurs ?

Amitiés,

Chloé

Visit
www.edco.ie/bontravail1
for interactive revision exercises

Unité 5

Chez moi

Civilisation : Le domicile

- ▶ Like Irish people, French people live in a wide variety of housing: apartments, small houses and large houses, in the country and in towns. Many of them rent their homes.
- ▶ Many people in France live in apartments. A building which contains apartments is called un immeuble. They are found mainly in cities and large towns.
- ▶ Some apartments are rented by the local authorities to people on low incomes and these are called une HLM – Habitation à Loyer Modéré (housing at affordable rent).
- ▶ Many French people have a holiday home in the country, at the seaside or in the mountains. This is called une résidence secondaire.

5.1 Écoutons maintenant !

Listen and match the people to their home.

a   un appartement

b   une ferme

c   un pavillon

d   une maison individuelle

e   une maison jumelée

f   un chalet

1 Louise	2 Monsieur Bernard	3 Marion	4 Justin	5 Madame Dion	6 Olivier

Où se trouve … ?

la Belgique

Lille

LE NORD

Saint-Malo

PARIS

Colmar

Rennes

L'OUEST

au centre

L'EST

La Rochelle

l'océan Atlantique

Vichy

le Massif Central

Monaco

Biarritz

Marseille

LE SUD

la mer Méditerranée

l'Espagne

Exercice 1

Look at the map of France above and write down where each place is situated.

Exemple : Rennes se trouve dans l'ouest de la France.

1   Marseille se trouve _____.

2   Colmar se trouve _____.

3   Lille se trouve _____.

4   Le Massif Central se trouve _____.

5   La Rochelle se trouve _____.

6   Vichy se trouve _____.

Parlons maintenant!

Ask your partner where these six places are located in Ireland.

Exemple : – Où se trouve Cork ?   – Cork se trouve dans le sud.

1   Où se trouve Derry ?   2   Où se trouve Mayo ?   3   Où se trouve Dublin ?
4   Où se trouve Wexford ?   5   Où se trouve Kerry ?   6   Où se trouve Athlone ?

Ma maison se trouve ...

dans un village

à la campagne

au centre-ville

au bord de la mer

dans un lotissement

dans la banlieue

Exercice 2

Qui habite où? Follow the strings and find out who lives where.

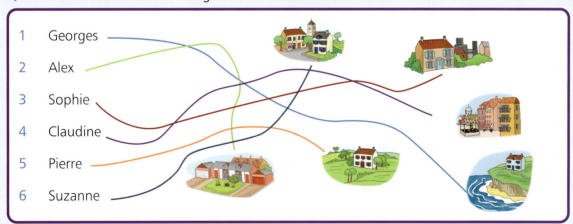

1   Georges
2   Alex
3   Sophie
4   Claudine
5   Pierre
6   Suzanne

1   Georges habite   _____ .
2   Alex habite   _____ .
3   Sophie habite   _____ .
4   Claudine habite   _____ .
5   Pierre habite   _____ .
6   Suzanne habite   _____ .

Civilisation : Écrire une lettre

Writing letters

▶ When we are writing a letter, we put the full address on the top right-hand side of the page. However, French people simply put the name of their town and the date on the top right-hand corner of the page.

▶ French people put their full name and address on the back of the envelope.

Guichen, le 29 avril

Chère Michèle,

Caroline Duprès, 10 rue de la Petite Forêt, 35580 Guichen

5.2 Écoutons maintenant !

Who sent which letter? Listen and write the correct name on each envelope.

_____, 7 rue de Belfort, 31080 Toulouse

_____, 22 quai Jeanne d'Arc, 44000 Nantes

_____, 10 place St-Denis, 76100 Rouen

_____, 15 boulevard Masséna, 75022 Paris

_____, 6 avenue Henri Matisse, 06200 Nice

_____, 27 allée de la Poste, 38920 Crolles

| 1 | Thomas Clavel | 2 | Camille Bernard | 3 | Leila Martinez |
| 4 | Malik Mahé | 5 | Manon Durand | 6 | Nicolas Mercier |

5.3 Écoutons maintenant!

Listen to this French comptine.

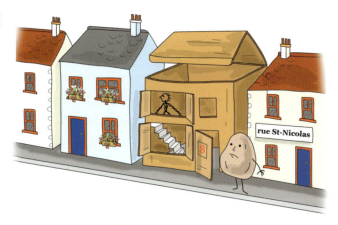

Au numéro trois
De la rue Saint-Nicolas
La maison est en carton
L'escalier est en papier
Le locataire est en fil de fer
Le propriétaire en pomme de terre

Exercice 3

Using the comptine above as a model, write a poem describing a funny or unusual house. You can suggest a new number and address, and funny materials from which the house, the stairs, the tenant and the owner are made. Choose from the new words suggested below or use a dictionary to find other words. Then draw your house!

le glaçon

la paille

la confiture

le beurre

le chocolat

le tissu

le sable

le verre

le bouton

Coin grammaire: Plural of nouns (le pluriel des noms)

When you need to make a word plural in English you generally add an 's', e.g. 'house, houses', 'owner, owners'. Likewise in French, most nouns add an 's' to make them plural.

Exemples :

la maison ➝  les maisons

l'immeuble ➝ les immeubles

le pavillon ➝  les pavillons

Write the correct French noun under these pictures.

deux _____

quatre _____

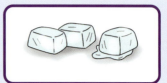

trois _____

sept _____

six _____

cinq _____

- Nouns ending in **au** or **eau** make the plural by adding an '**x**'.
  Exemples :

un château ➝ des châteaux

un rideau ➝ des rideaux

- Nouns ending in **al** change the **al** to **aux**.
  Exemples :

un animal ➝ des animaux

un cheval ➝ des chevaux

- Nouns ending in **s**, **x** or **z** do not change at all in the plural.
  Exemples :

une souris ➝ deux souris

le nez ➝ les nez

The letters '**s**', '**x**' and '**z**' are not usually pronounced when they come at the end of a French word: **souris**, **rideaux**, **animaux**, **nez**.

- There are a few nouns in French which are usually used **only** in the plural.
  Exemples :

les cheveux

les devoirs

les vacances

Exercice 5

Écrivez les noms suivants au pluriel.
Don't forget to change the articles **le**, **la** and **l'** to **les**!

le chalet	le bateau	la fille	le gâteau	l'hôtel
le nez	l'ours	le journal	la ferme	le tuyau

Coin dictionnaire: Plural nouns

Most dictionaries will show whether a noun has an irregular plural form. If the plural ends in an irregular way, this is usually shown.

château, pl ~x 1 nm (forteresse) castle; (résidence royale) palace, castle.

gâteau, pl ~x nm (a) (pâtisserie) cake; (au restaurant) gateau. ~ d'anniversaire birthday cake.

cheval, -aux 1 nm (a) (animal) horse. carosse à six ~aux coach and six.

agneau, pl ~x nm lamb; (fourrure) lambskin. (fig) il est un véritable ~ he is as meek as a lamb.

Lisons maintenant!

Read the following piece of information and answer the questions.

Le Président de la République française habite au Palais de l'Élysée. On a construit le palais en 1718. Il se trouve près de l'avenue des Champs-Élysées à Paris. L'Élysée a beaucoup de jardins et le bureau du Président est dans le palais. Il y a une fête dans les jardins le 14 juillet (la Fête Nationale). Le palais est ouvert au public en septembre.

1   Where does the President of France live?
2   What avenue is near his home?
3   What is in the palace?
4   What happens there on 14 July?
5   When is the palace open to the public?

Civilisation: Les maisons

You can see from the photo below that there are some differences between French houses and Irish houses.

▶ **Les volets:** The windows in a French house usually have des volets *(shutters)* outside – these provide shade in sunny weather and protection from the cold in winter.

▶ **La boîte aux lettres:** French front doors have no letterboxes. The letterbox is usually found near the front gate or beside the front door, with le nom de famille on it.

▶ **La cave:** Typical French houses have une cave *(a cellar)*. It can be used to store wine – it is dark and cool. However, many people use it for general storage, similar to the way we use an attic. Most apartment blocks have storage space for all the tenants in the basement.

▶ **Le grenier:** The attic is often converted for use as an extra room.

La maison

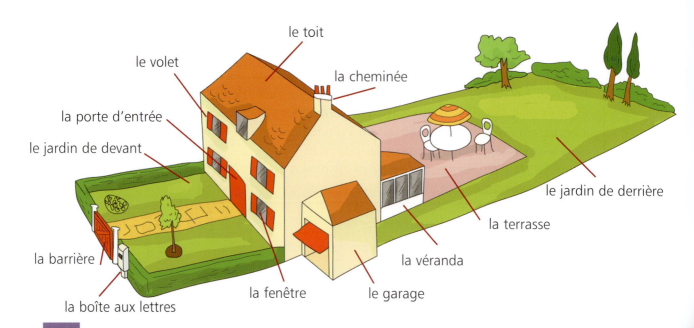

le toit

le volet

la cheminée

la porte d'entrée

le jardin de devant

le jardin de derrière

la terrasse

la barrière

la véranda

la boîte aux lettres

la fenêtre

le garage

Exercice 6

Write the French words on the labels.

Exercice 7

Qu'est-ce que c'est? Complete the sentences below, using words from the box.

> les volets   la boîte aux lettres   le garage   la terrasse   la barrière

1   J'entre dans le jardin par ici. C'est _____.
2   Je trouve les lettres dans _____.
3   Je me repose sur   _____.
4   Ils protègent les fenêtres. Ce sont _____.
5   Mes parents garent la voiture ici. C'est _____.

5.4 Écoutons maintenant!

(a)   Dessinez! Draw la maison according to the directions you hear.
(b)   Dessinez! Draw le jardin according to the directions you hear.

Les nombres ordinaux

▶ When you want to list items in order, you use what are called **ordinal numbers**, e.g. 'first', 'fifth', 'eighth'. In French, apart from premier *(first)*, they all end in -ième.

le premier
le troisième
le cinquième
le septième
le quatrième
le sixième
le deuxième

▶ Ordinal numbers are useful when you want to say which floor (l'étage) somebody lives on. In France the ground floor is called le rez-de-chaussée.

Exercice 8

Match each family to their apartment.

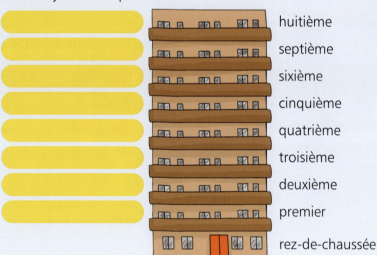

huitième

septième

sixième

cinquième

quatrième

troisième

deuxième

premier

rez-de-chaussée

1   La famille DELAHAYE habite au cinquième étage.
2   La famille GACHOT habite au huitième étage.
3   La famille QUÉRÉ habite au troisième étage.
4   La famille APPÉRÉ habite au premier étage.
5   La famille BACHELOT habite au septième étage.
6   La famille GEFFROY habite au deuxième étage.
7   La famille ROCHER habite au quatrième étage.
8   La famille GOURRONC habite au sixième étage.

5.5 Écoutons maintenant!

Listen and answer these questions in your copy.

1. In which house does Michel live?
2. Where did Jeanne come in the race?
3. In which class is Julien?
4. Which birthday is the speaker's little cousin celebrating?
5. Marseille is France's … city.
6. Which prize did Madame Legrand win in the Lotto?

Les pièces

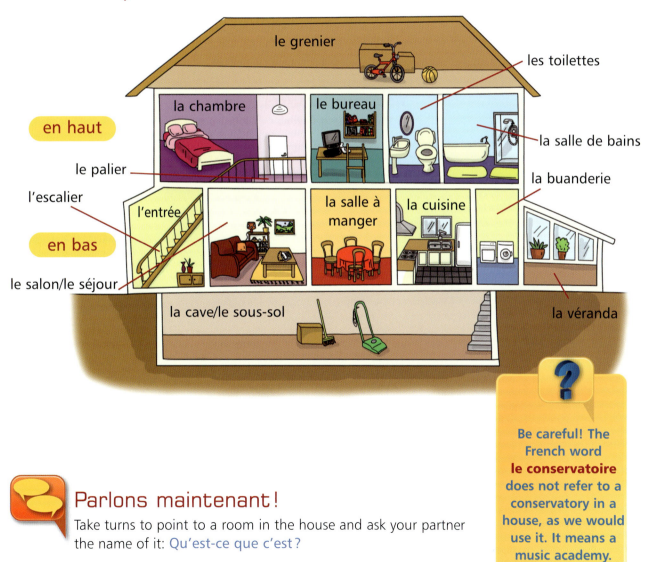

le grenier

les toilettes

la chambre

le bureau

la salle de bains

en haut

le palier

la buanderie

l'escalier

l'entrée

la salle à manger

la cuisine

en bas

le salon/le séjour

la cave/le sous-sol

la véranda

Be careful! The French word le conservatoire does not refer to a conservatory in a house, as we would use it. It means a music academy.

Parlons maintenant!

Take turns to point to a room in the house and ask your partner the name of it: Qu'est-ce que c'est?

5.6 Écoutons maintenant!

The famous rap star D C Belle is showing a television crew around her mansion. In which order does she show them the following rooms? Insert the numbers 1–9.

study ☐   dining room ☐

garden ☐   attic ☐

bedroom ☐   sitting room ☐

cellar ☐   bathroom ☐

kitchen ☐

Exercice 9

Your family wants to do a house swap with a family in France. You have to fill out a form giving details of your home and area. Complete the form below.

HORIZONS VACANCES
Fiche d'inscription

Nom de famille: _____   Prénom: _____

Adresse: _____

Description de la maison:

Cochez les cases.

    cuisine ☐   buanderie ☐   douche ☐   salon/séjour ☐   salle à manger ☐

    bureau ☐   grenier ☐   sous-sol ☐   salle de jeux ☐   salle de bains ☐

Nombre de chambres: ☐

Détails de votre maison:

Cochez les cases.

    jardin ☐   garage ☐   terrasse ☐   barbecue ☐

    téléviseur ☐   lecteur DVD/CD ☐   ordinateur ☐   Internet ☐

À proximité:

Cochez les cases.

    mer/plage ☐   lac ☐   montagnes ☐   restaurants ☐   magasins ☐

    train/autobus ☐   golf ☐   tennis ☐   hôpital ☐   banque ☐

Est-ce qu'il y a …?

Cochez les cases.

    voiture ☐   vélos ☐   matériel de sport ☐

Quel mois disponible? _____

Signature: _____

Lisons maintenant !

Read the email sent by Madame Leroy to the O'Brien family in relation to a house swap which they hope to do.

De : Leroy2@francemail.com

À :	Obrienfam@eirmail.com
Objet :	Échange de maison
Date :	le 2 avril

Chère famille O'Brien,

Merci pour le courriel avec les photos de la maison. Nous sommes contents de faire l'échange à Rathdrum dans l'est de l'Irlande.

Nous habitons à Concarneau, dans l'ouest de la France. C'est une ville au bord de la mer. C'est assez près du port de Roscoff ou de Cherbourg. Voici les détails de la maison.

Nous habitons dans une maison individuelle. C'est une maison à deux étages avec un jardin devant et derrière. Il y a des volets et la porte d'entrée est rouge.

En bas, il y a une grande cuisine, un séjour avec cheminée et des toilettes. En haut, il y a trois chambres et une salle de bains. Nous avons une cave aussi.

Il y a une plage magnifique ici et des restaurants et des magasins. Nous avons trois enfants (15 ans, 12 ans et 10 ans) et il y a des vélos et des raquettes de tennis.

J'envoie des photos et un plan de la ville.

À bientôt,
Céline Leroy

Exercice 10

Vrai ou faux ? Say whether these statements about Madame Leroy's email are vrai or faux.

		vrai	faux
1	La famille O'Brien habite dans l'ouest de l'Irlande.		
2	La famille Leroy habite au bord de la mer.		
3	Ils habitent dans une ferme.		
4	La cuisine est grande.		
5	Il n'y a pas de salle de bains en haut.		
6	La famille Leroy a une cave.		

Parlons maintenant!

Using the expressions below, ask your partner about his or her house.

– Où se trouve ta maison ?   – Ma maison se trouve dans/au/à la _____.

– Il y a combien de pièces ?   – Chez moi, il y a _____ pièces.

– Il y a combien de chambres ?   – Chez moi, il y a _____.

– Qu'est-ce qu'il y a en bas ?   – En bas, il y a _____.

– Qu'est-ce qu'il y a en haut ?   – En haut, il y a _____.

Écrivons maintenant!

Using Madame Leroy's email (page 135) as a guide, write back to her describing your house. You can begin your email like this:

De : Obrienfam@eirmail.com

À : Leroy2@francemail.com

Objet : Description de la maison

Date : le 3 avril

Chère Madame Leroy,

Merci pour le courriel et pour la description de la maison à Concarneau. Nous attendons la visite en juillet avec impatience.

Nous habitons une _____. Il y a un jardin _____.

Chez nous, il y a _____ pièces. En haut, il y a _____, _____ et _____.

En bas, il y a _____, _____ et _____.

Il y a des magasins et des _____ à proximité de la maison. Nous avons une voiture et des raquettes de tennis pour les enfants.

Je joins une photo de _____.

À bientôt,

_____

5.7 Écoutons maintenant !

Listen to six people spelling out the names of their streets and write them down.

1   J'habite rue _____ .

2   Moi, j'habite avenue _____ .

3   Ma maison se trouve place _____ .

4   Nous habitons boulevard _____ .

5   J'habite rue _____ .

6   J'ai une maison avenue _____ .

Civilisation : La chambre en France

▶ Sometimes the French use a bolster pillow called le traversin. This is a sausage-shaped underpillow covered by the sheet, which stretches across the bed. They often have a large square pillow, l'oreiller (from the word oreille, meaning *ear*), unlike our rectangular pillow.

▶ Nowadays most people use une couette *(a duvet)* with une housse *(a duvet cover)*.

▶ In summer, it is not unusual to see bedclothes hanging over the window sill to freshen up, as French windows open fully inwards. This is actually a very healthy thing to do, as sunshine kills house-dust mites.

Ma chambre

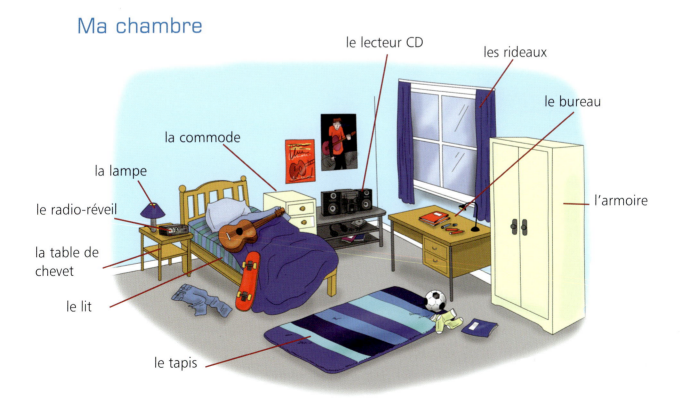

le lecteur CD

les rideaux

le bureau

la commode

la lampe

le radio-réveil

la table de chevet

le lit

l'armoire

le tapis

Exercice 11

Trouvez les mots ! Unscramble these words and add the articles: le, la, l' or les.

| mocomed | til | marroie | maple | dixearu | spita |

_____ _____ _____ _____ _____ _____

Exercice 12

Sucette de mots ! Trouvez les mots dans la sucette et écrivez la liste.

1 _____

2 _____

3 _____

4 _____

5 _____

6 _____

Exercice 13

Looking at the bedroom on page 137, complete the following sentences.

1 Le radio-réveil est sur _____.

2 Le bureau est sous _____.

3 Le tapis est devant _____.

4 La lampe est derrière _____.

5 Le lit est entre la fenêtre et _____.

6 L'oreiller est sur _____.

5.8 Écoutons et écrivons maintenant !

Dictée ! Listen to the speaker and write the four sentences in your copy.

Exercice 14

Describe your ideal bedroom in French, saying what you would like in it. Begin with:
Dans ma chambre idéale, il y a . . .

Le décor dans ma chambre : Quelle couleur ?

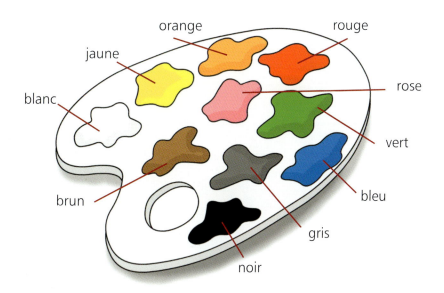

orange   rouge
jaune
blanc   rose
   vert
brun   bleu
noir   gris

Exercice 15

Des oreillers multicolores ! Write the correct colour under each pillow.

Exercice 16

Les amis de Malou. Read the details of Malou's friends' bedrooms and write the correct name in each box.

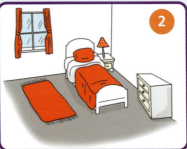

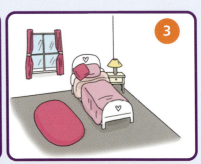

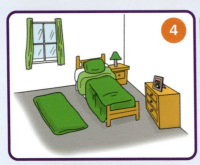

a   Les rideaux et la housse de couette dans la chambre d'**Océane** sont roses.
b   Le tapis de **Luc** est vert.
c   **Vincent** a une housse de couette bleue et des rideaux bleus.
d   **Estelle** a une armoire jaune dans sa chambre.
e   **Isabelle** adore le rouge et sa housse de couette est rouge !
f   La chambre de **Thomas** a un tapis noir.

Exercice 17

Find the colour of Malou's bedroom. Use the first letter of each name above and write it in the boxes below.

1	2	3	4	5	6

Coin grammaire : Adjectives (les adjectifs)

- A describing word is called an **adjective** (un adjectif). Colour words are adjectives, because they tell us more about the noun they describe, e.g. 'a blue car' or 'the White House'.

- In English, adjectives do not change their spelling, e.g. 'the red curtains', 'the red door', 'the red-haired girl'. In French, adjectives have four different forms.

masculine singular	feminine singular	masculine plural	feminine plural
vert	verte	verts	vertes
noir	noire	noirs	noires

Exemples :

le mur vert (because le mur is masculine singular)
la porte noire (because la porte is feminine singular)
les murs verts (because les murs are masculine plural)
les portes noires (because les portes are feminine plural)

- French adjectives usually come **after** the noun they describe.

Exercice 18

Copy the grid below into your copybook and put the four forms of the following adjectives in the correct column.

masculine singular	feminine singular	masculine plural	feminine plural

petit   bleu   brun   grand

- Some colours have the same form for masculine and feminine. These adjectives already end in 'e' in the masculine singular form and do not add another 'e' in the feminine forms: jaune, rouge, rose and orange.

- The adjective blanc *(white)* is irregular and does not follow the rules. Its four forms are:

masculine singular	feminine singular	masculine plural	feminine plural
blanc	blanche	blancs	blanches

- So remember, before you use an adjectif, you must check whether the noun it is describing is masculine or feminine, singular or plural.

5.9 Écoutons maintenant !

(a) In some cases, there is no change in pronunciation in the four forms of the adjectif.
Listen to the following examples.

masculine singular	feminine singular	masculine plural	feminine plural
le livre bleu	la maison bleu**e**	les livres bleu**s**	les maisons bleu**es**
le bureau noir	la porte noir**e**	les bureaux noir**s**	les portes noir**es**

(b) In other cases, the pronunciation changes when you add the 'e' to make the feminine
form. Listen to the following examples.

the 'd' in grande – you hear the 'd' when it is followed by an 'e'
the 't' in verte – you hear the 't' when it is followed by an 'e'
the 'n' in brune – you hear the 'n' when it is followed by an 'e'
the 's' in grise – you hear the 's' when it is followed by an 'e'

(c) This is how the four forms of blanc sound.

masculine singular	feminine singular	masculine plural	feminine plural
blanc	blan**che**	blanc**s**	blan**ches**

5.10 Écoutons maintenant !

Listen and tick the form of the adjective you hear.

grand		petit		vert		brun		gris		blanc	
grande		petite		verte		brune		grise		blanche	

Exercice 19

Write a description of your room, naming the colour of each item.

1   Dans ma chambre, l'oreiller est _____.

2   Dans ma chambre, les rideaux sont _____.

3   Dans ma chambre, la housse de couette est _____.

4   Dans ma chambre, les murs sont _____.

5   Dans ma chambre, le tapis est _____.

6   Dans ma chambre, la lampe est _____.

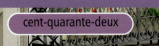

Exercice 20

Make up sentences using one item from each column.

Le bureau		blancs.
Les rideaux		bleu.
La lampe	est	noir.
Le tapis	sont	jaunes.
Les murs		verte.
La porte		rouge.

Lisons et parlons maintenant!

Sophie has sent an email describing her room. She says she's attaching a photo, but unfortunately she has attached the wrong one. Read her email and look at the photo. Can you spot the six differences? You can use the phrase Sur la photo il n'y a pas de …

Objet: Ma jolie chambre

J'adore ma chambre. Elle est petite, mais elle est jolie. Les murs sont roses et le tapis aussi. Le rose est ma couleur préférée! J'ai des rideaux blancs.

Sous la fenêtre, il y a mon lit. J'ai une table de chevet avec un radio-réveil. Il y a un poster sur le mur. J'ai une commode et j'ai aussi un bureau avec une chaise. Il y a un ordinateur sur la commode. J'ai une petite armoire avec un miroir sur la porte.

Dans ma chambre, je fais mes devoirs et je surfe le Net.

Civilisation : La cuisine en France

⏵ In many French houses, the kitchen and eating areas are in one large open space. In apartments, the kitchen can be a coin-cuisine, or *corner kitchen*, with modern fitted cupboards.

⏵ In older country houses, there was often a large wooden press (placard or armoire de cuisine) where the dishes, cutlery, glass and tablecloths were all stored. When a daughter was born, a tree was planted. The wood from the tree was used to make the cupboard when she got married. It was passed from one generation to the next.

La cuisine et la salle à manger

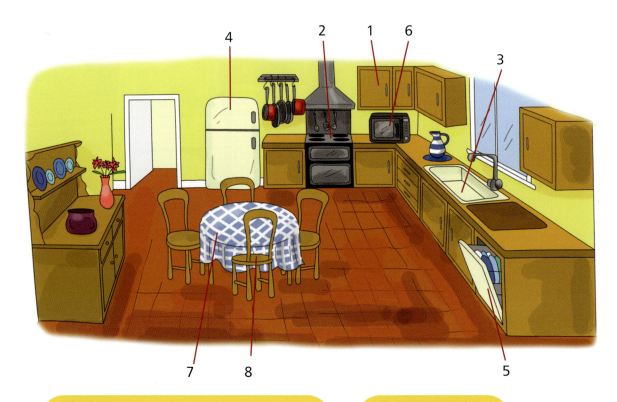

la cuisine	
1	les placards
2	la cuisinière
3	l'évier
4	le réfrigérateur (frigo)
5	le lave-vaisselle
6	le four à micro-ondes (le micro-ondes)

la salle à manger	
7	la table
8	la chaise

5.11 Écoutons maintenant !

Maman has been delayed on her way home. She phones Lucien and asks him to do the following jobs. Listen to what she says and complete the sentences below.

1 Mets la pizza dans _____ !

2 Trouve les croissants dans _____ !

3 Mets la tarte dans _____ !

4 Lave la salade dans _____ !

5 Mets la salade de fruits dans _____ !

6 Vide _____ !

Exercice 21

Match the price labels to the correct items.

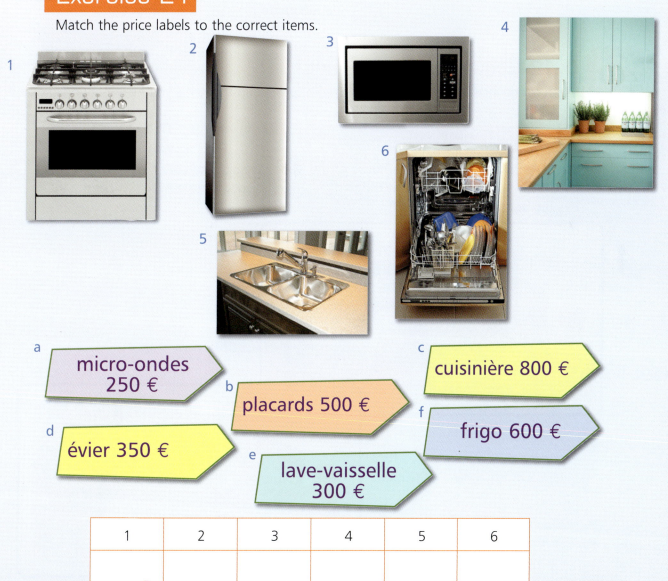

1	2	3	4	5	6

Le salon

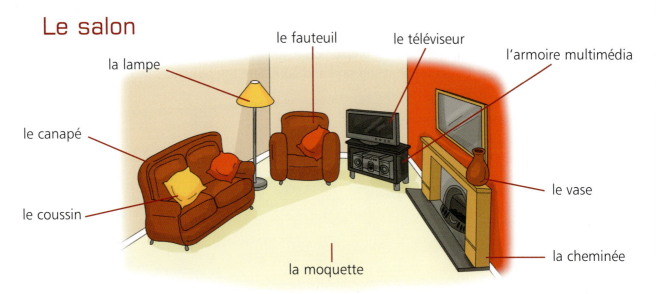

- la lampe
- le fauteuil
- le téléviseur
- l'armoire multimédia
- le canapé
- le vase
- le coussin
- la cheminée
- la moquette

5.12 Écoutons maintenant!

Listen to the instructions and draw the room, putting in the items you hear mentioned.

Exercice 22

Victor le voleur has visited the house of the Mercier family and stolen a number of items from their sitting room. Look at the two pictures and see what he has taken! Write the five missing items in French.

1 _____
2 _____
3 _____
4 _____
5 _____

Coin grammaire: The verb 'faire'

You have already learned the irregular verbs être, aller and avoir. Here is another irregular verb, faire *(to do/to make)*.

5.13 Écoutons maintenant!

Listen to how the verb faire sounds in the present tense.

Attention!
Did you notice? **vous faites** does not end with a **z**.

je	fais	*I do/I make*
tu	fais	*you do/you make*
il	fait	*he does/he makes*
elle	fait	*she does/she makes*
nous	faisons	*we do/we make*
vous	faites	*you do/you make*
ils	font	*they do/they make*
elles	font	*they do/they make*

Rappel!
Negative: **ne … pas**
Je **ne** fais **pas** mes devoirs.
Nous **ne** faisons **pas** les lits.

Exercice 23

Fill in the missing parts of the verb faire in the grid.

je	
tu	fais
il	
elle	fait
nous	
vous	faites
ils	
elles	font

Les tâches ménagères (household jobs)

faire le ménage
(to do the housework)

faire la vaisselle
(to do the dishes)

faire son lit
(to make the bed)

faire la cuisine
(to do the cooking)

faire la lessive
(to do the washing)

faire le repassage
(to do the ironing)

Exercice 24

Choose the correct sentence for each picture.

a

b

c

d

e

f

1	Il fait le lit.	2	Il fait la cuisine.
3	Elle fait le ménage.	4	Elle fait la lessive.
5	Il fait la vaisselle.	6	Elle fait le repassage.

5.14 Écoutons maintenant!

Listen to these young people saying what they do to help around the house and on which days they help. Complete the grid.

name	job	day/days
Amélie		
Tony		
Claire		
Marc		
Sandrine		
Samuel		

Parlons maintenant!

Est-ce que tu aides à la maison? Ask your partner the following questions and note his or her answers.

Exemple: – Tu fais ton lit?   – Oui, je fais mon lit.

                                          – Non, je ne fais pas mon lit.

1	Tu fais le repassage?	2	Tu fais la cuisine?
3	Tu fais la lessive?	4	Tu fais la vaisselle?
5	Qui fait la cuisine?	6	Qui fait le repassage?
7	Ton père fait le ménage?	8	Ton frère/Ta sœur fait le ménage?

La salle de bains et la buanderie

la salle de bains   la buanderie

le lavabo   le miroir   la baignoire   le fer à repasser   le lave-linge

la planche à repasser   le sèche-linge

la douche

5.15 Parlons et écoutons maintenant!

Choose the correct option in each of the following sentences and then listen to see if you were right. You can work with your partner on this exercise.

1   Je me lave dans   a   le sèche-linge   b   la douche   c   le lave-linge. ☐

2   Je me brosse les cheveux   a   devant le miroir   b   devant la baignoire   c   sous la douche. ☐

3   Je me lave les dents dans   a   la baignoire   b   la douche   c   le lavabo. ☐

4   Je fais le repassage   a   sous la douche   b   dans la baignoire   c   avec le fer à repasser. ☐

5   Je fais la lessive dans   a   la baignoire   b   le lave-linge   c   la douche. ☐

6   Je me baigne dans   a   la baignoire   b   le lavabo   c   le lave-linge. ☐

Écrivons maintenant!

La maison de la famille Folle! Look at the unusual house belonging to Félicia Folle, her husband Félix, their children Fantasia and Fulbert and of course Fifi, the pet dog. Some objects are in strange places. List the items in the various rooms (2–9) in your copy.

Exemple :   1 *Dans le grenier, il y a une cuisinière.*

1 le grenier

2 la chambre   3 le bureau   4 la salle de bains

5 le salon/ le séjour   6 la salle à manger   7 la cuisine   8 la véranda

9 la cave/le sous-sol

Écrivons maintenant !

Lettre symbole ! Écrivez un mot pour chaque symbole.
Rewrite the letter in your copy, replacing each symbol with the French word.

Dundalk, le 10 mai

Cher Gérard,

Comment vas-tu ? Ma nouvelle maison est super. C'est une à Dundalk dans l'est de l'Irlande. Nous avons sept pièces.

En haut, il y a une et trois . En bas, nous avons une ,

un et une . Nous avons une  derrière la maison.

Moi, j'ai une grande . Il y a un et une grande .

Les rideaux sont et la moquette est . Je fais mes devoirs dans ma chambre.

Et toi ? Est-ce que tu habites un appartement ou une maison ? Comment est ta chambre ?

C'est tout pour l'instant. Écris-moi bientôt pour décrire ta chambre.

Amitiés

Ciara

Mots clés

l'appartement (m.)	le grenier (m.)	la salle de bains (f.)
la buanderie (f.)	l'immeuble (m.)	le salon (m.)
la cave (f.)	le jardin (m.)	le séjour (m.)
la chambre (f.)	la maison (f.)	
la cuisine (f.)	la pièce (f.)	

Un peu de fun!

Où se trouve…? With your partner, work out in which room in the house you would find these items – there may be more than one correct answer. You may need to check some of the words in a dictionary or your *Lexique*.

objet	la salle de bains	la cuisine	la buanderie	la chambre	le salon
la nappe					
la télécommande					
le robinet					
le livre de recettes					
le coussin					
l'oreiller					
la lessive					
le rasoir					
la vaisselle					
le sac à maquillage					

Communication en classe

▶ Ouvrez la porte !

▶ Fermez la porte !

▶ Fermez la fenêtre !

▶ Tirez les rideaux !

▶ Faites l'exercice 2 !

▶ Faites vos devoirs !

▶ Anne, que fais-tu ?

▶ Faites attention, s'il vous plaît !

Épreuve

Question 1

Listen to two people talking about where they live. Answer the questions.

Conversation 1: Sylvie

1   Sylvie lives in

    a   a house   b   a studio   c   an apartment.

2   Where is it situated? _____

3   Which of the following does she have?

    a   Two bedrooms, a kitchen, a living room and a bathroom.

    b   Two bedrooms, a kitchen, a dining room and a bathroom.

    c   One bedroom, a kitchen, a living room and a bathroom.

4   Which is her favourite room? _____

Conversation 2: Benjamin

1   What kind of house does Benjamin live in?   _____

2   Name **two** rooms which he has downstairs.   _____

3   Where is his bedroom?   _____

4   Where does he have a garden?   _____

Question 2

Change the words in brackets into the plural.

1   Il y a quatre (pièce) _____ dans l'appartement de Paul.

2   Ma chambre a deux (fenêtre) _____.

3   Ma tante fait des (gâteau) _____ superbes.

4   Mon frère a six (souris) _____ blanches.

5   Il y a des (rideau) _____ bleus dans la salle à manger.

6   Tu aimes les (animal) _____ ?

7   Il y a deux (fauteuil) _____ dans le salon.

8   Les (château) _____ en France sont immenses.

9   Mon oncle a cinq (cheval) _____ à la ferme.

10   Dans ma maison, il y a trois (chambre) _____.

For help with this exercise, see pages 127 & 128.

Question 3

This is the contents page from a brochure for builders' supplies and household furniture. Write in the grid the number of the page where you would find details of the items listed.

Portes d'entrée	p.2
Escaliers	p.5
Placards	p.8
Fenêtres	p.16
Volets	p.23
Baignoires/Lavabos	p.28
Frigos	p.39
Cuisinières – gaz	p.38
Moquettes	p.42
Tout pour le jardin	p.48

item	page number
a new carpet	
a hall door	
a new cooker	
a staircase	
window shutters	

Question 4

(a) Write the correct form of the verb **faire**.

1. Michel _____ la lessive lundi.
2. Jean et Océane _____ la cuisine samedi.
3. Vous _____ le repassage ?
4. Je _____ la vaisselle chez moi.
5. Nous _____ le ménage mardi.
6. Tu _____ tes devoirs dans ta chambre ?

(b) Now write these sentences in the negative form in your copy.

For help with this exercise, see page 147.

Question 5

Dans quelle pièce ? Listen to eight people saying what they are doing and which room they are in. Complete the sentences below and then write them out in your copy.

1. Je regarde la _____. Je suis dans le _____.
2. Je _____ mes devoirs. Je suis dans ma _____.
3. Je me _____. Je suis dans la _____.
4. Je fais la _____. Je suis dans la _____.
5. Je _____ la _____. Je suis dans la _____.
6. Je _____ avec ma _____. Je suis dans la _____.
7. Je me _____. Je suis dans la _____.
8. Je fais du _____. Je suis dans le _____.

Question 6

Choose the correct form of the adjective and complete these sentences.

1   Les murs de ma chambre sont (verts / vertes) _____.
2   La porte d'entrée de ma maison est (noir / noire) _____.
3   Les volets sont (bleus / bleues) _____.
4   La cuisinière est (blanc / blanche) _____.
5   Les rideaux dans le salon sont (verts / vertes) _____.
6   L'armoire est (rouge / rouges) _____.
7   Le canapé est (gris / grise) _____.
8   Les lampes sont (jaune / jaunes) _____.

For help with this exercise, see page 141.

Question 7

Madame Rimbault wants to repaint all the rooms in her house. Listen to her conversation with the house painter Simon. Write the **new** colour chosen for each room under the picture.

bleu   rouge   blanc   rose   vert   violet   jaune

1 _____   2 _____   3 _____   4 _____

5 _____   6 _____   7 _____

Question 8

Listen to the advertisements. Write down the six household items on offer this weekend.

1 _____   2 _____   3 _____

4 _____   5 _____   6 _____

Question 9

Read what these young people say about where they live and answer the questions which follow.

1 Simon : J'habite une grande maison au bord de la mer. Il y a quatre chambres, un grand salon avec une cheminée, deux garages et un grand jardin devant et derrière la maison.

2 Isabelle : J'habite un appartement de luxe au centre-ville. Il se trouve au sixième étage. Il y a six pièces et un balcon. Il y a un garage au sous-sol.

3 Adrien : Ma maison se trouve à la campagne. Il y a cinq chambres, deux salles de bains, une grande cuisine et une buanderie. Il y a un jardin autour de la maison.

4 Chloé : J'habite une maison jumelée dans le village de St-Pierre. Il y a deux chambres, un salon, une salle de bains avec douche, une cuisine avec vue sur les montagnes.

5 Christophe : J'habite dans un grand immeuble au centre-ville. Mon appartement est au douzième étage. Il y a deux chambres, un coin-cuisine et une salle de bains. La machine à laver et le sèche-linge se trouvent au sous-sol.

6 Hugo : J'habite à 20km de Bordeaux. C'est la maison de mes grands-parents. Il y a cinq chambres, deux salles de bains, un grand séjour, une véranda et une terrasse où nous mangeons quand il fait beau.

a   Whose home has a fireplace in the living room? _____

b   Whose home has a patio where they eat when it's fine? _____

c   Whose home has a view of the mountains? _____

d   Whose home has a big kitchen? _____

e   Whose home has clothes-washing facilities in the basement? _____

Question 10

Write a letter to your correspondant(e) and describe your house. Include the following:

– You live in a village in a small house with three bedrooms, a sitting room, a kitchen, a bathroom and an attic.

– The house has a garden and a garage.

– Describe your bedroom.

– Ask your correspondant(e) some questions about his or her house.

Visit
www.edco.ie/bontravail1
for interactive revision exercises

Unité 6
Le monde des animaux

Civilisation : Les animaux en France

▶ French people love animals: pets, farm animals, animals in the zoo and circus. The rooster/cockerel is the French national emblem. You will see it on the national jerseys of many French sportspeople.

▶ There are over 60 million pets (animaux domestiques) owned by families in France. There are 10.7 million cats (chats) and 7.8 million dogs (chiens)!

▶ Families who live in apartments often choose to keep a hamster or mouse (un hamster/une souris), a goldfish (un poisson rouge) or a bird (un oiseau), as they may not be allowed to have a cat or a dog.

▶ There are many magazines about animals which are popular in France, e.g. *Wapiti*, *Wakua*, *Cheval Star*, *Galopin*, *Atout chat*. (You will find websites for all of these.)

▶ There are shops selling clothes and accessories for pets. What surprises many Irish people is that French dog owners quite often take their pets into restaurants and cafés with them while they eat.

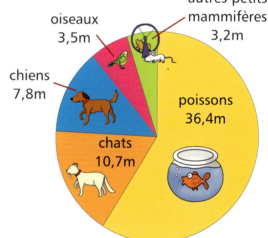

oiseaux 3,5m

autres petits mammifères 3,2m

chiens 7,8m

poissons 36,4m

chats 10,7m

6.1 Écoutons maintenant !

1 la tortue
2 le chien
3 le lapin
4 le chat
5 la perruche
6 le cochon d'Inde
7 le poisson rouge
8 le hamster
9 le cheval
10 la souris

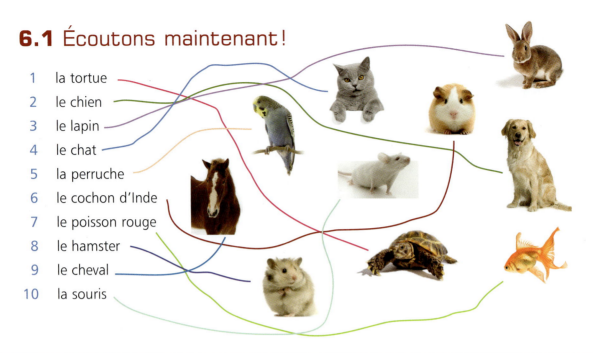

Exercice 1

Quels animaux ? Unscramble the words, writing the correct spelling of each animal.
Add the correct article: le/la/l'.

inCeh _____   taCh _____   oTuert _____

Sisour _____   vehlaC _____   iohCondd'nec _____

Exercice 2

Faites des paires ! There are many expressions in the French language which involve animals. What do you think the following expressions mean? Join the English to its French equivalent. Use a dictionary or your *Lexique* if necessary.

the tooth fairy

mon petit chat

what awful weather

to have a frog in your throat

Quel temps de chien !

avoir un chat dans la gorge

my darling

to have a raging temperature

la petite souris

avoir des grenouilles dans le ventre

to be very mischievous

to have a rumbling tummy

être malin comme un singe

avoir une fièvre de cheval

Exercice 3

(a) À qui sont ces animaux?

J'ai un … . Il est grand et brun.

Mon … habite dans le jardin. Il est brun et blanc.

Mon … habite dans une cage. Il est brun.

Thomas

Leila

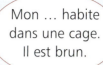

Camille

Moi, j'ai des … blanches.

J'aime les oiseaux. J'ai une … . Elle est verte et jaune.

Moi, j'adore mon petit … . Il est noir.

Nicolas

Malik

Manon

(b) Complete the sentences describing the colour of each pet.
Exemple : Thomas a un *cheval*. Il est *brun*.

1   Camille a un _____ . Il est _____ .

2   Nicolas a des _____ . Elles sont _____ .

3   Manon a un _____ . Il est tout _____ .

4   Leila a un _____ . Il est _____ et _____ .

5   Malik a une _____ . Elle est _____ et _____ .

6.2 Écoutons maintenant!

C'est quel animal? Listen to the six people talking about their pets. Which type of pet does each name belong to?

Tigger : _____   Champion : _____

Franky : _____   Gaby : _____

Boule : _____   Mangetout : _____

6.3 Écoutons maintenant!

A class is preparing a CD to be sent to their Irish friends. Listen to Tony interviewing Sophie, Luc, Christophe et Léa. Tick ✔ the animals they like and put a cross ✗ against those they don't like.

	chats	chiens	poissons	hamsters	perruches	souris
Sophie						
Luc						
Christophe						
Léa						

Lisons maintenant!

Read about Munir's problem and the solutions offered by people who have read about it. Answer the questions which follow.

Posté le 22 août

Munir: Je veux un chien. Mais le problème, c'est que nous habitons un appartement au sixième étage et mes parents disent que ce n'est pas possible. Qu'est-ce que je peux faire?

Posté le 23 août

Lucie: Je peux comprendre le problème, Munir. Moi aussi, j'habite un appartement. J'ai un cochon d'Inde. Il est adorable. Il habite une cage dans ma chambre.

Posté le 23 août

Flavien: Munir! Tu dois garder des poissons! Nous avons vingt poissons – pas seulement des poissons rouges. Nous avons une variété de poissons. Dans un appartement, un aquarium est pratique.

Posté le 23 août

Solène: Moi, j'ai de la chance. J'habite un appartement, mais ma meilleure amie a une maison. Elle a un petit chien et je lui rends visite le week-end et nous promenons le chien ensemble.

Posté le 24 août

Alexis: J'ai une solution pour toi, Munir! Tu peux promener un chien pour une personne âgée. Je fais ça pour un vieux monsieur et c'est une solution idéale.

1	Where does Munir live?	2	What problem does this give him?
3	What pet does Lucie have?	4	How many fish does Flavien have?
5	What does Solène do at the weekend?	6	What solution does Alexis suggest?

Coin grammaire : Adjectives (les adjectifs)

- When talking about animals, you may need to use adjectives to describe them. In Unité 5 (page 141) you learned that, in French, adjectives change their spelling according to the noun they are describing.

    Exemples :

    le chien brun   la tortue brun**e**   les chiens brun**s**   les tortues brun**es**

- Remember: to describe an animal or a pet, you must know whether the noun is masculine or feminine, singular or plural.

    Exemples :   J'ai un chien, il est grand.   J'ai une tortue, elle est grande.
    il est grand = *he/it is big*   elle est grande = *she/it is big*

Further rules for adjectives

- If the adjective ends in -eux, change the -eux into -euse to make it feminine.

    Exemples :

    le chien paress**eux**      →   la tortue paress**euse**

    les chiens paress**eux**   →   les tortues paress**euses**

- If the adjective ends in -if, change the -if into -ive to make it feminine.

    Exemples :

    le chien act**if**   la tortue act**ive**
    les chiens act**ifs**   les tortues act**ives**

- Here are a few more useful adjectives which follow different patterns.

masculine	feminine	English
beau	b**elle**	*beautiful/handsome*
doux	dou**ce**	*soft/gentle*
favori	favori**te**	*favourite*
long	long**ue**	*long*
mignon	mignon**ne**	*cute*

6.4 Écoutons maintenant!

Listen to these adjectives and tick the box indicating the sound you hear.

sportif		sportive	
courageux		courageuse	
vif		vive	
favori		favorite	
paresseux		paresseuse	
doux		douce	
mignon		mignonne	
agressif		agressive	

Lisons maintenant!

Read these advertisements on a notice board in a pet shop and answer the questions.

Je vends un cheval blanc – deux ans. Il adore les enfants. Téléphonez à M. Ferret le matin. Mon numéro de téléphone : 02 84 91 71 80.

Je donne deux lapins. Ils sont magnifiques! Ils ont trois ans et un an et demi. Un lapin est brun et l'autre est gris. Ils sont mignons et actifs. Mon numéro : 02 45 78 90 00.

Est-ce que tu cherches un oiseau, un canari ou une perruche ? Téléphonez à Jean Clavel au 02 34 67 12 34, le soir.

Je suis enfant unique. Je cherche un petit chien – un chiot calme car j'habite un appartement. J'aime faire des promenades. Téléphonez à David. Mon numéro: 02 45 98 67 12.

Un chiot is the French word for *puppy*; **un chaton** is the word for *kitten*.

1   What is Jean Clavel offering?
2   What ages are the rabbits?
3   Who is looking for a dog?
4   What colour is the horse?
5   What colour are the rabbits?
6   How old is the horse?

Lisons et écrivons maintenant!

Here is an advertisement for a pet for sale. Make up a similar advertisement.

Exemple:

À vendre: LAPIN

Il s'appelle Flopsy. Il a quatre ans.
Il est blanc et brun. Il est mignon.
Il adore manger dans le jardin.
Répondre à:
alice@france.mail.com

Parlons maintenant!

Take turns with your partner to ask and answer questions about your pets, using the following questions. (You can describe an imaginary pet if you wish.) Use the information in the pet shop window below to help you.

– Tu as un animal à la maison?
– De quelle couleur est ton animal?
– Comment s'appelle-t-il/elle?
– Quel animal préfères-tu?
– Pourquoi?
– Tu aimes les chats/les chiens/…?

– Oui, j'ai …/Non, je n'ai pas de …
– Il/Elle est …
– Il/Elle s'appelle …
– Je préfère les …/Mon animal favori est …
– Il/Elle est …
– Oui, j'aime/j'adore …
– Non, je n'aime pas/je déteste …

Boutique d'animaux		
Ma Mon	chat chien lapin hamster souris poney perruche cochon d'Inde poisson rouge tortue	est	grand(e). mignon/mignonne. petit(e). beau/belle. noir(e). blanc/blanche. timide. actif/active. paresseux/paresseuse. curieux/curieuse.

Rappel!
Don't forget to check whether the animal you are talking about is masculine or feminine and make the adjectives agree.

6.5 Écoutons maintenant!

Listen to six people spelling out the names of their pets and write them down.

1 _____ 2 _____
3 _____ 4 _____
5 _____ 6 _____

The Saint Bernard is the most popular dog among pet-owners in France, followed by the poodle.

Coin grammaire: The verb 'devoir'

- Another useful irregular verb is the verb devoir, which means *to have to* or *must* do something. Because it is irregular, it does not follow the usual rules and you must learn it by heart.

6.6 Écoutons maintenant!

Listen to how the verb devoir sounds in the present tense.

je	dois	nous	devons
tu	dois	vous	devez
il	doit	ils	doivent
elle	doit	elles	doivent

Attention!
Can you see where the word **les devoirs** *(homework)* comes from? You have to do it!

Rappel!
Le négatif 'ne ... pas':
Je **ne** dois **pas** ...
Nous **ne** devons **pas** ...

Exercice 4

Fill in the missing parts of the verb devoir in the grid.

je	dois	nous	devons
tu		vous	
il		ils	doivent
elle		elles	

Exercice 5

Make eight sentences using words from each of the bones.

Je	doivent	promener le chien.
Tu	dois	faire la vaisselle.
Nous	doit	arriver à l'heure.
Vous	devons	laver le chiot.
Luc	devez	faire les devoirs.
Elles	dois	sortir le chien le soir.

6.7 Écoutons maintenant!

Listen to this chanson *(song)*. It comes from French-speaking Canada.

Alouette

Alouette, gentille alouette,
alouette, je te plumerai.
Je te plumerai la queue,
je te plumerai la queue,
et la queue, et la queue,
et le dos, et le dos,
et le cou, et le cou,
et la tête, et la tête,
et le bec, et le bec,
alouette, alouette.
Alouette, gentille alouette, alouette, je te plumerai.
Alouette, gentille alouette, alouette, je te plumerai.

la tête

le dos

les ailes

la queue

le bec

l'œil (pl. les yeux)

le cou

le ventre

les pattes

Civilisation : La ferme

▶ Besides growing food for its own large population, France is western Europe's largest agricultural producer and one of the world's main exporters of farm produce.

▶ Currently, 3.5% of the working population are engaged in agriculture and 54% of the area of France is agricultural land.

▶ The French are the largest producers of cereals in the European Union. Wheat is the most common cereal crop – 50% of all cereals grown.

▶ France is one of the world's leading wine producers, so you will find lots of vineyards (les vignobles), where the cultivation of vines is an age-old tradition.

▶ Cows and goats are important in the production of cheeses and other dairy products.

La cour de ferme

la chèvre

le taureau

le mouton

le cochon

l'oie (f.)

la poule

le canard

la vache

la dinde

Lisons et écrivons maintenant !

Choose the correct options to complete the paragraph below and then write it in your copy.

Monsieur Legrange est fermier. Il a une grande ferme en Bretagne.

Il a	a des crocodiles	b des vaches	c des lions.
Le matin, il donne à manger aux	a perruches	b souris	c cochons.
Sa femme garde	a des serpents	b des poules	c des rats.
Son fils Fabien a	a un cheval	b un éléphant	c un tigre.
Dans la cour, il y a	a un rhinocéros	b des canards	c une girafe.

Lisons maintenant!

Lisez cet article et répondez aux questions. The article is about a stay on a farm.

Une semaine à la ferme

Partez le matin soigner les lapins, les poules, les pigeons, les ânes et les chèvres. L'après-midi, baladez-vous à dos de poney dans la campagne. Le soir, aidez à mettre les animaux dans leurs enclos pour la nuit. De 6 à 12 ans. Tarif : 270 € la semaine, du dimanche 18h au samedi avant midi.

Louise et Vincent Rocher, La Ferme d'Autrefois

1   Name two animals you can find on this farm.
2   What activity is offered in the afternoon?
3   How can you help in the evenings?
4   For which age group is this stay suitable?
5   When does the holiday start and end?

6.8 Écoutons maintenant!

(a)   Listen to a French version of the song 'Old Macdonald had a farm'.

(b)   Continue singing and adding in other animals and sounds:

un canard – couac-couac!
un cochon – grroin-grroin!
une poule – cot-cot!
un âne – eee-ah!

Le vieux Macdonald a une ferme

Le vieux Macdonald a une ferme
Ron-ron patapon
Et dans sa ferme il a une vache
Ron-ron patapon
Meuh-meuh 'ci, meuh-meuh là
Et partout des meuh-meuh-meuh!
Le vieux Macdonald a une ferme
Ron-ron patapon

Le vieux Macdonald a une ferme
Ron-ron patapon
Et dans sa ferme il a un mouton
Ron-ron patapon
Maa-maa 'ci, maa-maa là
et partout des maa-maa-maa!
meuh-meuh 'ci, meuh-meuh là
et partout des meuh-meuh-meuh!
Le vieux Macdonald a une ferme
Ron-ron patapon

Lisons maintenant!

Read Richard's description of his holiday on the farm.

> Tipperary, le 15 juillet
>
> Salut Olivier!
>
> Me voici à la ferme de mon oncle Brendan, près de Cahir. Il est fermier.
>
> Je suis ici pour deux semaines avec mes cousins. Je m'amuse bien à la ferme. J'aime aider mon oncle. J'adore les animaux. Il y a des cochons, des vaches, un taureau et des poules. Je n'aime pas le taureau. Il est féroce!
>
> À bientôt,
> Richard

> Olivier Gourronc
>
> 13, rue de l'Église
>
> 35580 Laillé
>
> FRANCE

Exercice 6

Find the French for the following expressions in Richard's postcard.

1   Hi _____
2   Here I am _____
3   for two weeks _____
4   with my cousins _____
5   I am enjoying myself _____
6   There are _____
7   I don't like _____
8   See you soon _____

Écrivons maintenant!

Fill in the gaps in Amy's postcard to Isabelle.

> Wicklow, le 15 août
>
> Salut Isabelle!
> Me voici à la _____ de mon oncle Donal à Wicklow.
> Je _____ ici pour une _____ avec _____ frère.
> Je m'_____ bien à la ferme. Il y a des _____, des _____ et un _____.
> Je n'aime pas _____. J'adore aider mon oncle.
>
> À _____,
> Amy

> Isabelle Dugor
>
> 4, rue de la Barre
>
> 69000 Lyon
>
> FRANCE

Coin grammaire : Present tense of '-re' verbs

- You have already learned about regular -er and -ir verbs. The third group of verbs we need to look at is regular -re verbs.

- To form le présent of -re verbs there are two steps:

Step 1: Take away the -re ending. What remains is the stem:

Step 2: Add the following endings to the stem.

je	-s	nous	-ons
tu	-s	vous	-ez
il	–	ils	-ent
elle	–	elles	-ent

- You need to learn these endings par cœur.

6.9 Écoutons maintenant !

Listen to how the verb vendre *(to sell)* sounds in the present tense.

je	vends	nous	vendons
tu	vends	vous	vendez
il	vend	ils	vendent
elle	vend	elles	vendent

Rappel !
Le négatif 'ne … pas' :
Roger **ne** vend **pas** son cheval.
La vache **ne** mord **pas**.

Exercice 7

Remplissez la grille avec le verbe perdre *(to lose)*.

je	perds	nous	
tu		vous	perdez
il		ils	
elle	perd	elles	perdent

Exercice 8

Complete the sentences with the correct forms of the **-re** verbs in brackets. Check their meaning in your dictionary or *Lexique*. Then translate the sentences into English in your copy.

1   Je (descendre) _____ dans la cuisine.

2   Elle (vendre) _____ son lapin.

3   Il (rendre) _____ le stylo à Lucie.

4   Mon chien ne (mordre) _____ pas.

5   Les fermiers (tondre) _____ les moutons.

6   Est-ce que vous (attendre) _____ Marie à la boutique d'animaux ?

7   Nous ne (perdre) _____ pas le match.

8   Est-ce que tu (répondre) _____ à mon courriel

6.10 Écoutons maintenant !

Écoutez et remplissez les blancs ci-dessous.

Je m'appelle Claire Duval. Mon mari est fermier. Nous

avons _____ _____ en Bretagne, en France.

À la ferme, nous avons des _____,

deux _____ et des _____. Mes amis

viennent avec leurs enfants le week-end voir les petits

animaux, comme les _____. Nous avons des

_____ aussi. Le samedi, nous proposons des

balades à _____ pour les enfants.

Coin grammaire : Possession (les possessifs)

- In English, when you want to say that something belongs to someone, you use an apostrophe **s**, e.g. Luke's bike, Hannah's copy.

- In French, you **don't** use an apostrophe. If you want to say who owns something, you use the preposition **de** *(of)*.

When you know the person's name

le poney **de** Nadia   *the pony of Nadia (Nadia's pony)*

les vaches **de** Bernard   *the cows of Bernard (Bernard's cows)*

- If the name of the person begins with a vowel, you use **d'**.

    Exemple : le chien **d'**Émilie   *the dog of Émilie (Émilie's dog)*

6.11 Écoutons maintenant!

To help you with this new rule, listen and write the six examples.

1 _____
2 _____
3 _____
4 _____
5 _____
6 _____

When you don't know the person's name

What do you do when you want to say 'the girl's cat' or 'the boy's cat' or 'the children's cats'?

le chat **de la** fille	*the cat of the girl (the girl's cat)*
le chat **du** garçon	*the cat of the boy (the boy's cat)*
les chats **des** enfants	*the cats of the children (the children's cats)*

- **De la** is used because the noun **fille** is feminine.
- **Du** is used because the noun **garçon** is masculine.
- **Des** is used because the noun **enfants** is plural.
- If the owner starts with a vowel or silent 'h', either masculine or feminine, **de l'** is used.

  Exemples : le chat **de l'**enfant, le chat **de l'**homme

6.12 Écoutons maintenant!

Listen and fill in the missing word(s) in each of these phrases. Write them in your copy and translate them into English.

1 le poney _____ garçon

2 le chat _____ fille

3 le hamster _____ élève

4 les chevaux _____ fermiers

5 la cage _____ lapin

6 les pattes _____ chats

7 le cochon d'Inde _____ enfant

8 le bec _____ poule

Le zoo : Les animaux

Voici les animaux du zoo.

le crocodile   l'éléphant (m.)   la girafe   le lion   le singe

l'ours blanc   le perroquet   le rhinocéros   le serpent   le tigre

Un peu de fun !

You can take a virtual tour of the zoo in Lyon by going on line to www.zoo.lyon.fr.

Lisons maintenant !

Read the information on bears and decide whether the statements below are vrai or faux.

- ★ **Nom commun : ours brun**
- ★ **Poids moyen : de 70 à 170kg pour la femelle et de 100 à 200kg pour le mâle**
- ★ **Longévité : environ 30 ans**
- ★ **Domicile : Europe et Amérique du Nord**
- ★ **Appétit : 15kg d'aliments par jour**
- ★ **Famille : une ourse peut donner naissance à de 1 à 3 oursons**
- ★ **Vie des oursons : ils restent avec la mère jusqu'à 3 ans**
- ★ **Saison d'amour : avril–juin**

		vrai	faux
1	The common name for the bear is the black bear.		
2	A male bear can weigh up to 200 kilos.		
3	Bears live on average 30 years.		
4	You find bears in South America.		
5	Bears eat about 15 kilos of vegetables per day.		
6	Bear cubs stay with their mothers for three months.		

Coin grammaire : The verb 'voir'

Another useful verb when you are writing in French is voir *(to see)*. It is an irregular verb.

 6.13 Écoutons maintenant !

Listen to how the verb voir sounds in the present tense.

je	vois	nous	voyons
tu	vois	vous	voyez
il	voit	ils	voient
elle	voit	elles	voient

Rappel !

Le négatif 'ne ... pas' :
Je **ne** vois **pas** ma perruche au zoo.
Nous ne voyons **pas** de rhinocéros dans une ferme irlandaise !

Exercice 9

Fill in the missing parts of the verb voir *(to see)* in the grid.

je	vois
tu	
il	
elle	voit
nous	
vous	
ils	
elles	voient

The letters 'oi' are pronounced in French like the start of the English word 'one' without the 'n' sound: v**oi**s, tr**oi**s, d**oi**s, **oi**e, **oi**seau.

Exercice 10

Une journée au zoo ! Complétez les phrases suivantes en utilisant le verbe **voir**.

Je _____ l'éléphant.

Luc _____ le tigre.

Nous _____ les singes.

Vous _____ les serpents ?

Noé et Paul _____ les crocodiles.

Tu _____ les perroquets ?

Quel temps fait-il ?

When you are on a day out, the weather will be a very important part of the day.
Here are some phrases you will need to talk about the weather.

Attention !
The verb **faire** is used to talk about the weather.

Il fait beau.

Il fait mauvais.

Il fait chaud.

Il fait froid.

Il fait soleil.

Il pleut.

Exercice 11

Work out what the weather is like today in each of these French towns.
Complete the sentences.

1   À Bordeaux, il _____.

2   À Paris, il _____.

3   À Lille, il _____.

4   À Grenoble, il _____.

5   À Nice, il _____.

6   À Strasbourg, il _____.

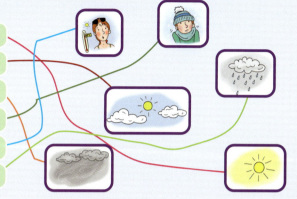

6.14 Écoutons maintenant!

Listen to six people telling you about the weather on their holidays. Complete the sentences.

1   Me voici en vacances à La Rochelle. Il _____.

2   Je suis à Perpignan, dans le sud. Il _____.

3   Nous restons à St-Cyprien, mais il _____.

4   Je fais du ski. Il _____.

5   Nous sommes à Wexford. Il _____.

6   Bonjour de France! Me voici chez mon correspondant. Il _____.

Un petit quiz

Find the answers to the following quiz.

1   Une oie a   a deux pattes   b six pattes   c quatre pattes.

2   Un crocodile habite   a dans une cage   b dans une rivière   c dans les montagnes.

3   Quel animal habite   a le cochon   b le hamster   c le tigre
     dans la jungle?   d'Inde

4   Quel animal adore   a le lapin   b la souris   c le serpent
     les carottes?

5   Quel animal nous   a le canard   b la vache   c la dinde
     donne des yaourts?

6   Milou, le copain   a un ours   b un chat   c un chien.
     de Tintin, est

Exercice 12

Faites des paires! Many well-known films featuring animals have been popular in France. Match the French titles to the English ones.

1	Le Livre de la jungle	a	Flushed away
2	Souris City	b	Lady and the Tramp
3	La Panthère rose	c	Happy Feet
4	La Belle et le clochard	d	Chicken Run
5	Le Roi Lion	e	The Lion King
6	Les Petits pieds du bonheur	f	Jungle Book
7	Les Dents de la mer	g	The Pink Panther
8	Poulets en fuite	h	Jaws

1	2	3	4	5	6	7	8

Exercice 13

Lisez la liste des films à droite. Quel animal est la star de chaque film?
Exemple : un chien saint-bernard : Beethoven

Prince Noir
Babe
La Toile de Charlotte
Le petit Stuart
Ratatouille
Turner et Hooch
Mon copain Buddy
À la recherche de Némo

1 un cochon : _____

2 un chien : _____

3 un rat : _____

4 un gorille : _____

5 une souris : _____

6 un poisson : _____

7 une araignée : _____

8 un cheval : _____

Écrivons maintenant !

Lettre symbole ! Remplacez les symboles par des mots dans la lettre ci-dessous.

Paris, le 7 août

Cher Ciaran,

J'espère que tu vas bien. Comment va ton nouveau _____ ?

Comment s'appelle-t-il ? Moi, j'ai trois _____ .

Mais j'adore les _____ .

Samedi, je suis allé au zoo avec mes amis. Il a fait _____ . C'était fantastique !

Au zoo, il y a des _____ , des _____

et des _____ . Mes animaux favoris sont les _____ .

Ils sont amusants.

Je n'aime pas les _____ , ils sont dangereux ! Mon amie Julie adore

les _____ . Ils sont si paresseux ! Ils adorent dormir dans l'eau.

Théo adore les _____ . Elles sont mignonnes.

Il y a un zoo près de chez toi ? Tu vas souvent voir les animaux ?

C'est tout pour l'instant.

Amitiés,

Alain

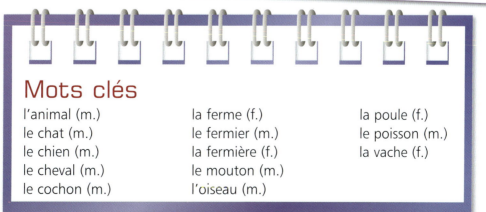

Mots clés

l'animal (m.)	la ferme (f.)	la poule (f.)
le chat (m.)	le fermier (m.)	le poisson (m.)
le chien (m.)	la fermière (f.)	la vache (f.)
le cheval (m.)	le mouton (m.)	
le cochon (m.)	l'oiseau (m.)	

Communication en classe

- ▶ Je ne comprends pas.
- ▶ Quel temps fait-il ?
- ▶ Attendez un instant, s'il vous plaît !
- ▶ Il fait beau aujourd'hui.
- ▶ Je rends les cahiers maintenant.

- ▶ Il fait mauvais aujourd'hui.
- ▶ Vous devez finir l'exercice 2 ce soir.
- ▶ Il pleut – nous restons dans la classe.
- ▶ Nous devons écrire ça dans les cahiers.

Épreuve

Question 1

Listen to these people talking about animals and fill in the information.

1 **Michel's** pet: _____

 Age: _____

 One detail about the pet's appearance: _____

2 Number of animals **Valérie** has: _____

 Her favourite animal: _____

 Reason for this: _____

3 **Georges's** job: _____

 Animals he works with: _____

 Animal he doesn't like: _____

Question 2

Complete these sentences with the correct form of the adjective.

1 Mon petit chien est vraiment (mignon) _____.

2 La chèvre est intelligente et (doux) _____.

3 Ma tortue est très (paresseux) _____.

4 Ma perruche chante quand elle est (heureux) _____.

5 Les petits moutons sont très (actif) _____.

6 Le lion est un animal (courageux) _____.

7 Les girafes sont très (vif) _____.

8 Les vaches ne sont pas (agressif) _____.

> For help with this exercise, see page 161.

Question 3

Using the verbs devoir and voir, complete the following sentences.

For help with this exercise, see pages 164 & 173.

1. Le fermier (devoir) _____ donner à manger aux vaches.
2. Nous (devoir) _____ faire les devoirs le soir.
3. Je (devoir) _____ promener mon chien.
4. Les perruches (devoir) _____ rester dans les cages.
5. Je (voir) _____ les animaux dans le zoo.
6. Camille (voir) _____ le petit chien dans la boutique d'animaux.
7. Tu (voir) _____ ce joli chaton ?
8. Lucien et Patrick (voir) _____ les singes et ils s'amusent bien.

Question 4

Complete the crossword.

Horizontalement→

2 3 5 8

Verticalement↓

1 3 4 6 7

Question 5

Choose the correct form of the verb for each sentence.

1   La chèvre (mord / morde / mordent) _____ le petit garçon.

2   Michel (perds / perd / perdons) _____ souvent ses cahiers.

3   Le fermier (tond / tonds / tondez) _____ ses moutons.

4   Mes enfants, nous (attendons / attendez / attendent) _____ le bus ici.

5   David, Julie ! Vous (vends / vendez / vendent) _____ votre perruche ?

6   Les moutons (descends / descend / descendent) _____ la montagne.

> For help with this exercise, see page 169.

Question 6

Complete the phrases below, as in the example.
Exemple : le chat *de la* femme

1   la souris _____ enfants

2   le cheval _____ homme

3   les vaches _____ Catherine

4   le lapin _____ garçon

5   les ailes _____ perruche

6   le poisson rouge _____ filles

> For help with this exercise, see pages 170 & 171.

Question 7

Listen and fill in the gaps in this advertisement.

Venez rendre visite à la _____ du

Dolmen, pas loin de l'autoroute A62 ! Découvrez

une grande variété de petits _____

dans la basse-cour – les bébés des vaches et

des _____, de la volaille – y compris

des dindes, des oies et des _____ . Nous avons plus de cent animaux de ferme ! Vous

pouvez voir notre taureau féroce ! Jouez avec les ânes ! Câlinez les petites _____ !

La ferme est ouverte toute l'année, sauf en novembre et _____ .

Question 8

Read the article below and answer the questions that follow.

Élève bizarre !

Lundi dernier, un singe est entré dans l'école de St-Senoux. Il est entré par la fenêtre qui était ouverte, car il faisait chaud. L'animal n'était pas dangereux, mais les élèves se sont réfugiés dans le bureau du directeur. Un vétérinaire a anesthésié l'animal. Une heure plus tard, il est retourné au cirque, qui était dans la ville pour le week-end.

1 What animal came into the school?   _____

2 Why was the window open?   _____

3 Where did the children escape to?   _____

4 Where had the animal come from?   _____

Question 9

Listen to six news items and say which animal is involved in each.

1 _____   2 _____

3 _____   4 _____

5 _____   6 _____

Question 10

Make the names of eight animals by joining the syllables from the boxes below. Write them in your copy.

Che–		–afe	Tor–		–ard
	–reau	–tue	Mou–	Élé–	
Coch–		–phant		–val	Tau–
	–ton	Can–	Gir–	–on	

Question 11

Read these descriptions of nature parks and answer the questions which follow.

1 Réserve Africaine de Sigéan.
Entre Narbonne et Perpignan.
Ouvert tous les jours, toute l'année.
Plus de 3 800 animaux, près de 300
hectares. Restaurant – cafétéria et
kiosques vous accueillent
agréablement. Visites guidées et
ateliers-nature. Lions, girafes, rhino,
zébres, alligator, flamants. Ouverture
du parc à 9h.

2 La Forêt des Singes – une aventure ! Venez
découvrir 130 singes. Un contact direct avec nos
singes Magots. Visites pour les groupes scolaires –
un guide vous accompagne le long de votre visite.
Ouvert du 1 mai au 15 septembre.

3 Ferme Exotique. Une journée pour toute la
famille. Ouvert toute l'année, 10h–18h.
Plus de mille animaux familiers et exotiques.
Découvrez le plus grand élevage de dromadaires
de France ! Promenade en petit train.

4 La Barben – parc
zoologique. Ouvert
juillet, août, septembre
de 9h30 à 19h. Une
immersion au cœur des
animaux sauvages.
Animaux petits et
grands. Prenez votre
pause-déjeuner près des
éléphants dans notre
restaurant.

5 La Bourbansais – parc
et château. Entre Rennes
et St-Malo. Parc zoologique
avec des espèces protégées.
D'avril à septembre, assistez
au nourrissage des animaux !
Les stars de cet été – le tigre
de Sibérie et le toucan.

6 La Vallée de la Chapelle.
Ferme équestre. Passez une
journée avec nos chevaux et
nos poneys ! Passez une
semaine dans nos tentes,
caravanes ou mobil-homes
(6 places). Ouvert avril–
septembre.

Write down the name of the park where

a   the whole family is catered for

_____

b   you can eat your lunch near the elephants

_____

c   school groups are catered for

_____

d   you can help feed the animals

_____

Visit
www.edco.ie/bontravail1
for interactive revision exercises

Unité 7

À table !

Civilisation : À table !

▶ You may already be familiar with some French foods – baguettes, croissants, meringues, quiche, pâté, profiteroles. Can you think of more?

▶ French people enjoy preparing and eating their meals. They visit the market to buy fresh vegetables, cheeses, fish and other foods. Many people grow their own vegetables.

▶ Mealtimes are very important. In the evening most families try to eat together (manger en famille).

▶ Food from other countries is popular in France. Examples are le couscous from North Africa, les nouilles from China and les pâtes from Italy.

▶ Each region of France has its own speciality dishes, based on what is available locally. Butter and dairy products feature in recipes from the north, while olive oil, tomatoes and herbs are found in the south. Seafood is popular along the Atlantic coast. Here are some typical regional dishes from around France.

les crêpes bretonnes (Brittany)

les moules-frites (Normandy/ Brittany)

le cassoulet (Languedoc)

la quiche lorraine (Lorraine)

la choucroute (Alsace)

la bouillabaisse (Marseille)

Un petit quiz

Can you match these ingredients to the dishes pictured on page 183? You can find recipes for the dishes on the internet.

1   beans   _____

2   mussels   _____

3   cabbage   _____

4   selection of fish   _____

5   cheese   _____

6   flour   _____

J'ai faim !

J'ai soif !

Don't forget that the letters 'd' and 't' at the end of French words are not pronounced: chaud, froid, grand, prend, dessert, plat, chocolat, croissant, lait.

Civilisation : Le petit déjeuner

▶ Breakfast (le petit déjeuner) is very simple and no one cooks at this time. Hot drinks are usually served in a bowl (le bol). Adults generally have coffee (le café) with bread (le pain) or le croissant.

▶ A slice of bread, usually buttered, is called une tartine. You might be surprised to see French people dipping their bread in their hot drink – this is perfectly normal in France! Children have a bowl of hot chocolate (le chocolat chaud) with bread and jam, or with sweet cake-type bread (la brioche). Breakfast cereals (les céréales) were not traditionally eaten in France, but nowadays they are popular with children and adults.

Exercice 1

Find the French words for these items.

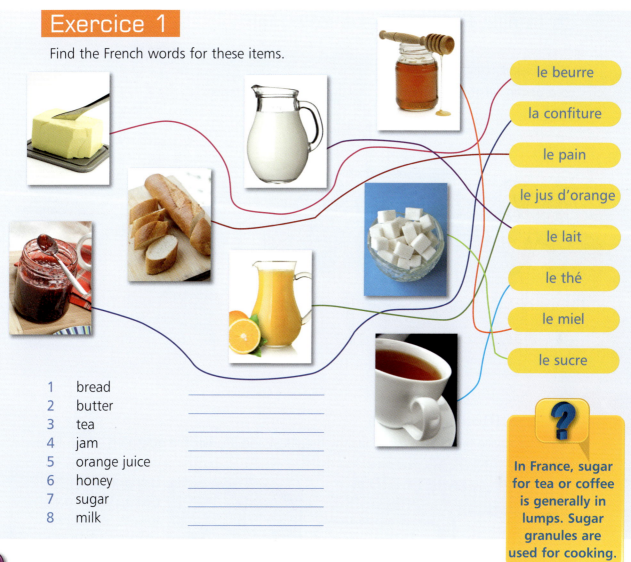

le beurre

la confiture

le pain

le jus d'orange

le lait

le thé

le miel

le sucre

1   bread   _____
2   butter   _____
3   tea   _____
4   jam   _____
5   orange juice _____
6   honey   _____
7   sugar   _____
8   milk   _____

In France, sugar for tea or coffee is generally in lumps. Sugar granules are used for cooking.

7.1 Écoutons maintenant !

Qu'est-ce qu'ils mangent et boivent ? What does each person usually eat and drink at breakfast time ? Écoutez et cochez la bonne case.

nom	du pain	un croissant	du beurre	du miel	du chocolat chaud	du thé	du café au lait
Thomas							
Leila							
Nicolas							
Camille							
Malik							
Manon							

La famille Folle au petit déjeuner !

Exercice 2

Look at the illustration and complete the following sentences.

1 Le _____ est dans l'évier.

2 La _____ est dans le micro-ondes.

3 Le _____ est dans le lave-vaisselle.

4 Le _____ est sur le placard.

5 Le _____ est sous la table.

6 Le ____ d'_____ est dans la cage.

 ## Lisons maintenant !

Read the advice given here for a healthy breakfast and answer the questions which follow.

Le petit déjeuner idéal

Une boisson, chaude ou froide – pour réhydrater le corps.

Un fruit frais – en jus, en smoothie – pour la vitamine C, les antioxydants et les fibres.

Un produit céréalier – pain, toasts, céréales – pour apporter de l'énergie tout au long de la matinée.

Un produit laitier – lait, yaourt, fromage – pour donner des protéines et du calcium. Viandes et œufs, mais en modération.

1 What types of drink can be taken?
2 In what form can you take your fruit?
3 What benefit does eating a cereal product have during the morning?
4 Name one of the dairy products that you should have.
5 What types of food should be eaten sparingly?

Coin grammaire: The verb 'boire'

You already know the verb manger *(to eat)*. To talk about food and drink, you also need to learn the verb boire *(to drink)*. Boire is an irregular verb, so it must be learned par cœur.

7.2 Écoutons maintenant!

Listen to how the verb boire *(to drink)* sounds in the present tense.

je	bois	nous	buvons
tu	bois	vous	buvez
il	boit	ils	boivent
elle	boit	elles	boivent

Exercice 3

Fill in the missing parts of the verb boire in the grid.

je		nous	
tu	bois	vous	buvez
il		ils	boivent
elle	boit	elles	

Exercice 4

Use the correct form of boire to complete the following sentences.

1   Le matin, je _____ du thé.
2   Papa _____ du café.
3   Nous ne _____ pas dans la salle de classe.
4   Ils _____ du café au restaurant.
5   Tu _____ du chocolat chaud?
6   Mathilde et Élodie ne _____ pas de lait.

Parlons maintenant!

With your partner, take turns to ask and answer the question.

– Et toi? Qu'est-ce que tu manges et bois le matin?
– Je mange du …/de la …/des …
   Je bois du …
   Je ne mange pas beaucoup le matin.

What we call toast is called **le pain grillé** in France. French people eat **les toasts**, but these are more like hard crispbread for snacks.

Civilisation : Le déjeuner

▶ Generally, French children do not snack as frequently as we do. Sweets (les bonbons), fizzy drinks (les boissons gazeuses) and packets of crisps (les chips) are not encouraged in school. Since 2005, vending machines selling snack food and drinks have been forbidden by law in French schools.

▶ Lunch is an important meal in France. Students go to the school canteen (la cantine) for a three-course meal: une entrée, un plat principal et un dessert.

▶ In warm weather, a typical starter would be salad (une salade) or crunchy vegetables with a dip (les crudités) or pâté, followed by a main dish of meat (la viande) and vegetables (les légumes), with fruit or yoghurt for dessert. In cold weather, soup (la soupe) would be on the menu as a starter, followed by a casserole, roast meat or fish, with a dessert such as apple tart or a pie. Students drink lots of water (l'eau) and eat fresh bread (le pain) with their meal. In fact you will always find bread on the table at mealtimes in a French household.

La viande

Exercice 5

le poulet
le jambon
le porc
le veau
le bœuf
le steak haché
l'agneau
le mouton

Find the French word for:

1 pork   _____
2 ham   _____
3 veal   _____
4 beef   _____
5 chicken   _____
6 mutton   _____
7 lamb   _____
8 mince   _____

Le plat principal

Here are some main courses from the school canteen's menu.

Lundi
Sauté de bœuf
Poulet rôti

Mardi
Escalope de veau
Salade de jambon

Mercredi
Quiche lorraine
Blanquette de mouton

Jeudi
Rôti de porc
Côtelette de veau

Vendredi
Ragoût d'agneau
Steak haché-frites

Exercice 6

Read the menu above and answer the questions.

1 On Monday, there is **a** pork or chicken **b** beef or chicken **c** pork or beef. ☐

2 On Tuesday, there is **a** chicken **b** turkey **c** veal. ☐

3 On Wednesday, which meat is on the menu? **a** mutton **b** beef **c** veal. ☐

4 What type of chops are on Thursday's menu? **a** pork **b** lamb **c** veal. ☐

5 What type of stew is being served on Friday? **a** lamb **b** beef **c** mutton. ☐

7.3 Écoutons maintenant !

Listen to six advertisements in the supermarket and write down the type of meat that is mentioned in each one.

1 _____ 2 _____ 3 _____

4 _____ 5 _____ 6 _____

Les légumes

les petits pois (m.pl.)   les haricots verts (m.pl.)

la carotte

le poivron

la tomate

le chou

le chou-fleur

l'oignon (m.)

le brocoli

le champignon

la laitue

l'ail (m.)

la pomme de terre

Exercice 7

Trouvez les différences. Look at the gardens of Madame Laplante and Monsieur Sansterre and say what similarities and what differences you notice. Use **il y a …** and **il n'y a pas de …**
Exemple : Dans le potager de Madame Laplante, il y a des …, mais dans le potager de Monsieur Sansterre, il n'y a pas de …

Madame Laplante

Monsieur Sansterre

7.4 Écoutons maintenant !

Listen to Nadège and David, two school students who are vegetarians, discussing the canteen menu. Answer the following questions in your copy.

1 Why is Nadège disappointed with today's canteen menu?
2 Name two ingredients of the salad.
3 What does David decide to have?
4 Which of the following vegetables do his parents grow?
   a tomatoes   b cabbage   c peas
5 Where does Nadège's family grow vegetables?
6 Where does her mother go to shop?

French people traditionally grow their own vegetables and herbs in **un potager** *(vegetable garden)*. In fact, you might even see vegetables in the front garden or growing on balconies in apartment blocks.

Lisons maintenant!

This is the menu from a lycée in Paris for a week in September. Read the menu and answer the questions that follow. As you can see, pupils are offered a starter, a main course with vegetables, cheese and a dessert.

Lundi 18-sept	Concombre vinaigrette Rôti de porc Blé à la tomate	Edam Fruits au sirop
Mardi 19-sept	Taboulé Sauté de bœuf Carottes au jus	Camembert Fruit
Mercredi 20-sept	Salade verte Steak haché Macaronis	Yaourt nature Compote
Jeudi 21-sept	Carottes râpées Escalope de dinde Printanière de légumes	Fromage blanc aux fruits
Vendredi 22-sept	Betteraves rouges Filet de poisson sauce citron Riz	Liégeois chocolat Biscuit

1 What type of meat is on the menu for Monday?
2 On Tuesday, what is the vegetable?
3 What is the starter on Wednesday?
4 Which of the following meats is available on Thursday?
 a chicken b turkey c duck
5 What is the main dish served with on Friday?

7.5 Écoutons maintenant!

Écoutez deux conversations à la cantine et répondez aux questions qui suivent.
Listen to two conversations based on the canteen menu above and answer the questions.

Conversation 1
1 Name **one** thing Suzanne does not like.
2 Why does Suzanne like Friday?
3 What is Philippe's favourite dinner?

Conversation 2
1 Why is Nerissa pleased with Tuesday's menu?
2 What does Sophie not like about that menu?
3 Why does she prefer Wednesday's menu?

Coin grammaire : Qu'est-ce que c'est ?

- Luc is shopping at the market with his mother.

C'est un chou ?

Non, Luc, c'est un chou-fleur.

Qu'est-ce que c'est ?

Ce sont des champignons.

- When the mother wants to point out or name something that is **singular**, she uses the phrase c'est.
- But, when something is plural, she uses ce sont.
- The negative of c'est is ce n'est pas. The negative of ce sont is ce ne sont pas.

    Ce n'est pas un chou-fleur. C'est un chou.
    Ce ne sont pas des tomates. Ce sont des poivrons rouges.

Exercice 8

Fill in the blanks in these sentences using c'est/ce sont or ce n'est pas/ce ne sont pas.

1   – Qu'est-ce que c'est, Céline ?   – _____ _____ des petits pois.

2   – Paul, qu'est-ce que c'est ?   – _____ de l'ail.

3   – Qu'est-ce que c'est, Jean ?   – _____ de la laitue.

4   – Monsieur, ce sont des choux italiens ?   – Non, ce _____ _____ _____ des choux italiens.

5   – Julie, c'est le potager de ton oncle ?   – Non, ce _____ _____ le potager de mon oncle.

6   – Marie, voici des petits pois !   – Non, Jean, ce _____ des haricots verts !

Civilisation : Le goûter

▶ When French children return home from school, they usually have a snack to keep them going until dinner time, which may not be until 7 p.m. This snack is called le goûter. Usually, it is taken at home, although older students may go to a local café. At home, one might eat des biscuits, une tartine à la confiture, une barre de céreales, un yaourt or des fruits.

▶ On a cold day un chocolat chaud might be a welcome drink. Otherwise, children might prefer un jus de fruit *(fruit juice)*, de l'eau minérale *(mineral water)* or un verre de lait *(a glass of milk)*.

7.6 Écoutons maintenant !

Listen to these six people describe what they have chosen for le goûter today. Who chooses which snack? Write the names under their tray.

1 Thomas   2 Leila   3 Nicolas   4 Camille   5 Malik   6 Manon

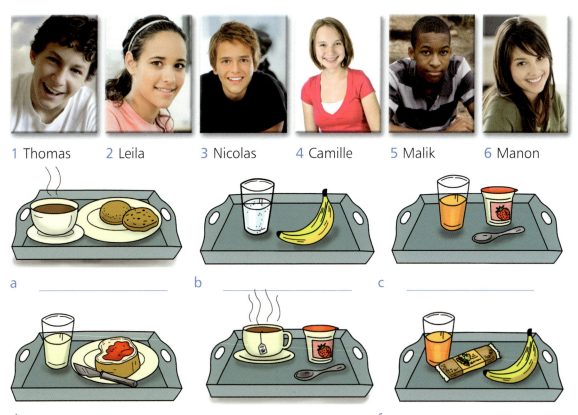

a _____   b _____   c _____

d _____   e _____   f _____

Exercice 9

Now write a sentence in your copy about what each person has to eat and drink.

Exemple : Thomas mange un … et il boit du … d'….

Civilisation : Au café

Teenagers everywhere love to meet up with their friends. In France you can go to le café, la crêperie, le glacier, le fast-food or le salon de thé. Le café is somewhere to chat, discuss, have a laugh or play a game of le baby-foot *(table football)*, le flipper *(pinball)* or perhaps les échecs *(chess)*.

Café Jazz

ASSIETTES REPAS

Gourmande
Jambon, emmental, tomate, œuf 6,70 €

César
*Filets de poulet, tomate, fromage,
croûtons* 6,70 €

Végétarienne
Salade, feta, tomate, concombre 6,70 €

SANDWICHS SAVEURS

Parisien
Jambon, salade, fromage, tomate 3,20 €

Lyonnais
Salami, salade, concombre 3,35 €

Italien
Jambon, mozzarella, pesto, tomate 4,20 €

Océanique
Thon, tomate, œuf, mayonnaise 4,20 €

PLATS CHAUDS

Pizza au choix	petite	3,20 €
	grande	6,75 €
Croque-monsieur		3,95 €
Croque-madame		4,10 €
Frites	petite portion	2,80 €
	grande portion	3,50 €
Hamburger		3,40 €
Burger au poisson		3,30 €

VIENNOISERIES

Croissant	1,00 €
Pain au chocolat	1,05 €
Pain aux raisins	1,20 €
Croissant aux amandes	1,30 €

DESSERTS

Flan nature	2,30 €
Éclair	2,20 €
Gâteau au choix	2,60 €
Duo de fruits de saison	2,70 €
Yaourt au choix	2,30 €
Crêpes au choix	3,00 €

BOISSONS CHAUDES

Café espresso	1,35 €
Café crème	2,20 €
Cappuccino	2,40 €
Café décaféiné	1,50 €
Chocolat viennois	2,30 €
Thé Ceylan, vert …	2,20 €

BOISSONS FROIDES

Jus de fruits pressés	25 cl	2,60 €
Eau de source	50 cl	1,40 €
Coca-Cola, Zero, Light	33 cl	1,80 €
Fanta, Sprite	50 cl	2,50 €
Smoothie du jour	25 cl	2,95 €

Exercice 10

Read the café menu on page 194 and answer the questions below.

1   Name **two** ingredients of the Assiette Gourmande.
2   Which of the sandwiches has cheese in it?
3   What type of fish is used in the Sandwich Océanique?
4   How much would a hamburger and small portion of chips cost you?
5   What other type of burger can you get?
6   How much would you pay for a croissant and a cup of espresso coffee?

Un croque-monsieur is grilled ham and cheese on toast.
Un croque-madame has a fried egg on top as well.

À vous maintenant !

Your french correspondante has asked you about the cost of eating in a café in Ireland. Looking at the menu on page 194, make some comparisons.

En Irlande	plus cher	moins cher	la même chose
un hamburger coûte			
un cappuccino coûte			
un croissant coûte			
une petite portion de frites coûte			
un chocolat chaud coûte			
un thé coûte			
un Coca-Cola coûte			
un Fanta/Sprite coûte			

Parlons maintenant !

What do you like to eat when you come home from school? Discuss with your partner.

– Qu'est-ce que tu manges quand tu rentres de l'école ?
– Qu'est-ce que tu préfères manger après l'école ?
– Tu aimes … ?

– Je mange/Je bois …
– Je ne mange rien.
– Je préfère …
– Oui, j'aime …
– Non, je n'aime pas/ je déteste …

7.7 Écoutons maintenant !

Listen and fill in the gaps in the following conversations, which take place in a café.

Conversation 1

Max : J'ai faim ! Je vais prendre un _____ et une grande portion de _____.

Sylvie : Moi, je préfère un sandwich au _____. Qu'est-ce que tu vas boire ?

Max : Je voudrais un smoothie à la _____.

Sylvie : Oh Max !! Tu es gourmand ! Moi, je vais prendre un jus _____.

Max : S'il vous plaît !

Conversation 2

Lucie : Quelle journée ! Je suis fatiguée !

David : Moi aussi. Je suis fatigué et j'ai _____ !

Lucie : Moi, j'ai soif ! Il fait _____. Je vais prendre un _____.

David : Et moi, je voudrais une crêpe à la confiture.

Lucie : Et comme boisson ?

David : Je vais prendre de l' _____. Tu vas manger quelque chose ?

Lucie : Non, merci. Seulement la _____. S'il vous plaît !

Coin grammaire : The verb 'vouloir'

When ordering or choosing food, the verb vouloir *(to want/to wish)* is most useful.
It is another irregular verb and must be learned par cœur.

7.8 Écoutons maintenant !

Listen to how the verb vouloir *(to want/to wish)* sounds in the present tense.

je	v**eux**
tu	v**eux**
il	v**eut**
elle	v**eut**
nous	voul**ons**
vous	voul**ez**
ils	v**eulent**
elles	v**eulent**

Exercice 11

Fill in the missing parts of the verb **vouloir** in the grid.

je	veux	nous	voulons
tu		vous	
il		ils	
elle		elles	veulent

Rappel!
The **négatif** of **vouloir** is made, as usual, by putting **ne** in front of the verb and **pas** after: Je **ne** veux **pas** de café, je préfère un chocolat chaud.

Exercice 12

Faites des paires !

nous   elles   il   vous   tu   elle   je   ils

veut   veux   veulent   veulent   veux   voulez   veut   voulons

Attention!
It is very useful to learn the phrase **Je voudrais …** *(I would like …)* at this stage. (It is a form of the verb **vouloir** which you will learn next year.)

Exercice 13

Here are six people talking in a café. Rewrite each sentence correctly in your copybook.

Exemple : un Je veux hamburger .   *Je veux un hamburger.*

1 croque-monsieur un veux Tu ?

2 boisson une froide voulez Vous ?

3 Je veux un orange d' jus .

4 veut mère l'addition Ma .

5 Les enfants des crêpes veulent .

Parlons maintenant!

Qu'est-ce que tu dis au café? Practise ordering the following items in a restaurant.

Exemple : 1 Je voudrais un café et une crêpe au citron, s'il vous plaît.

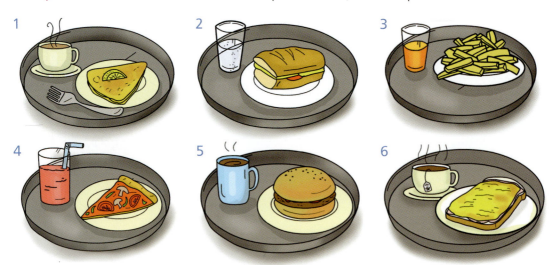

Coin grammaire : Partitive article (l'article partitif)

Je bois **des** smoothies.

Je mange **de la** pizza.

- L'article partitif (*some* or *any*) is used in French when you want to indicate that there is an indefinite quantity of an item. The boy is saying 'I drink smoothies', but he doesn't say how much. The girl says 'I eat pizza', but again she doesn't say how much. In English, we quite often leave out the 'some' or 'any'. It must **always** be used in French.

  Exemples : Tu prends **du** sucre ?   *Do you take sugar?*
        Tu veux **de la** confiture ?   *Do you want some jam?*

- L'article partitif changes in French depending on the gender (masculine or feminine) and number (singular or plural) of the noun which follows it.

  Exemples :
  du before masculine singular nouns   ➔   Il mange **du** pain.
  de la before feminine singular nouns   ➔   Elle mange **de la** quiche.
  de l' before singular vowels starting with a vowel or silent 'h'   ➔   Tu bois **de l'**eau minérale ?
  des before all plural nouns   ➔   Vous mangez **des** crêpes ?

Exercice 14

Clément and his friends are going on a picnic next weekend. Help to him make out a list of things to buy. Use **du**, **de la**, **de l'** or **des**.

_____ pain
_____ croissants
_____ jambon
_____ tomates
_____ laitue
_____ eau minérale
_____ jus de fruits
_____ barres de céréales

Lisons maintenant !

Mélodie has a problem. Read the suggestions made for solving it and answer the questions below.

Posté le 6 juin

Mélodie : C'est mon anniversaire samedi prochain. Je n'ai pas d'idées pour la fête. J'espère inviter six copains/copines chez moi. Qu'est-ce que je fais ?

Posté le 6 juin

Alex : Prépare une soirée pizza ! Avec des salades et des jus de fruit ou du coca. S'il fait beau, tu peux manger dans le jardin. N'oublie pas la musique !

Posté le 6 juin

Florence : Une soirée crêpes est géniale ! Prépare les crêpes à l'avance ! Tu peux les servir avec du miel, du sucre, de la confiture ou du chocolat. Délicieux !

Posté le 7 juin

Stéphanie : S'il fait soleil, pense à un barbecue. Des brochettes de viande, porc, poulet ou agneau. N'oublie pas tes amis qui sont végétariens – prépare aussi des brochettes de légumes. Sers les brochettes avec des salades. Super !

Posté le 7 juin

Louis : Une autre idée, Mélodie ! Si tu n'as pas beaucoup d'argent, demande à chaque invité d'apporter quelque chose – par exemple des salades, du pain, du jus de fruits ou de l'eau minérale. Tu peux offrir des hamburgers ou des hot-dogs. S'il fait mauvais, tu peux louer un DVD pour tout le monde.

1. What is Mélodie's problem?
2. If it's fine, what does Alex suggest?
3. Name **two** types of crêpe which Florence suggests.
4. What kind of weather is needed for Stéphanie's suggestion?
5. Apart from chicken, what types of meat does she suggest?
6. What is Louis's idea for saving on the cost of the evening?

Les fruits

Une pomme le matin éloigne le médecin.

| un abricot | un ananas |

| une banane | un cassis | une cerise | un citron |

| une fraise | une framboise | un melon | une mûre |

| une myrtille | une orange | un pamplemousse | une pêche |

| une poire | une pomme | une prune | un raisin |

Exercice 15

Can you find ten fruits in the ice cream cone?
Write them in your copy.

Exercice 16

Which fruit is missing from the following baskets?

1 a des bananes b des fraises c un ananas d une poire ☐

2 a un citron b un pamplemousse c des framboises d des pommes ☐

3 a une poire b des cerises c une orange d des raisins ☐

Chez le glacier

Another nice snack food is ice cream (la glace).

Quel parfum ?

citron
raisin
cassis
melon

au citron

fraise   prune
banane   myrtille
pêche   poire
mûre   framboise
cerise

à la fraise

orange
abricot
ananas

à l'orange

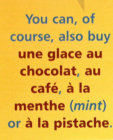

You can, of course, also buy **une glace au chocolat, au café, à la menthe** (*mint*) **or à la pistache.**

Can you see?

- If the fruit flavour is masculine, you use au.
- If the fruit flavour is feminine, you use à la.
- If the fruit flavour starts with a vowel, you use à l'.

7.9 Écoutons maintenant!

Qui parle? Listen to five people ordering ice creams. Who orders which ice cream?

Sophie
Philippe
Suzanne
Océane
Khalid

Exercice 17

Complétez les phrases suivantes comme dans l'exemple.
Exemple : Je voudrais une glace *à la pêche.*

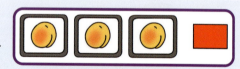

1   Maman veut une glace _____.

2   David veut une glace _____.

3   Elle préfère une glace _____.

4   Tu veux une glace _____?

5   Je veux bien une glace _____.

6   Vous voulez une glace _____?

Parlons maintenant !

With your partner, take turns ordering ice creams of various flavours. Use the following conversation as your model.

– Tu veux une glace ?
– Quel parfum ?
– Une boule ou deux boules ?
– Voilà.

– Oui, je veux bien.
– Une glace au chocolat, s'il te plaît.
– Une boule.
– Merci.

Lisons maintenant !

Read the recipe for a delicious fruit salad and answer the questions which follow.

Ingrédients
une pomme
une poire
une banane
250g de fraises
1 demi-melon
des raisins
1 pot de yaourt nature
un peu de sucre
une branche de menthe

Méthode
1. Lavez les fruits et séchez-les bien.
2. Coupez les fruits.
3. Ajoutez le yaourt et le sucre et mélangez bien.
4. Mettez la salade dans le melon et décorez avec la menthe.

1 Name **three** of the fruits used in this salad.
2 There are 250g of which fruit in this salad?
3 According to instruction 2, what do you do with the fruits?
4 What do you mix in with the yogurt?
5 What do you use to decorate the salad?

Coin grammaire: The verb 'mettre'

- You have already learned a number of **irregular verbs**. Here is another: mettre *(to put/to put on)*. Again, this verb must be learned par cœur.

- The expression mettre le couvert means *to set the table*.

7.10 Écoutons maintenant!

Listen to how the verb mettre sounds in the present tense.

je	mets	nous	mettons
tu	mets	vous	mettez
il	met	ils	mettent
elle	met	elles	mettent

Rappel!
Le négatif 'ne ... pas':
Je **ne** mets **pas** de confiture dans mon yaourt.
Sandrine et Luc **ne** mettent **pas** de sucre sur les céréales.

Exercice 18

Remplissez la grille avec le verbe mettre *(to put/to put on)*.

je	mets	nous	
tu		vous	mettez
il		ils	
elle	met	elles	

7.11 Écoutons maintenant !

Listen to these items in French and number them in the order in which you hear them.

le poivre et le sel	la tasse	la soucoupe	l'assiette	la cuillère

la serviette	le couteau	le verre	la carafe d'eau	la fourchette

Exercice 19

Write six sentences about setting the table.
Choose a word from each circle
on the right.
Exemple : Je mets un verre sur la table.

Ils, Elles, Je, Tu, Il, Elle, Nous, Vous, mettent, mets, met, mettons, mettez, un couteau, un verre, une bouteille de vin, une carafe d'eau, une fourchette, une assiette, sur la table

7.12 Écoutons maintenant !

Listen to three sets of instructions
and draw what you hear described in your copy.

Lisons maintenant !

Read these advertisements and answer the questions which follow.

Moulins à sel ou poivre. Hauteur 16cm. Inox et acrylique. Un dessin travaillé et original. Prix normal 44 €, mais cette semaine 40 € ! Une réduction de 4 € !

Parfait pour un pique-nique ! Assiettes/Mugs en plastique. En bleu, jaune, rouge. Un prix à ne pas manquer – assiettes 1,50 €, mugs 2 €

Tasses en porcelaine – deux couleurs, vert/jaune. Avec soucoupes. 4,50 € les deux.

Ensemble de couverts : 4 cuillères, 4 fourchettes, 4 couteaux, 4 cuillères à café. Garantie lave-vaisselle. 16,50 €.

Pour un petit déjeuner parfait ! Bol, pour le café ou pour le chocolat. Seulement en blanc. 3 € pièce.

En verre, plusieurs couleurs, Diam. 12cm. Pour le dessert ou pour les céréales. Lot de cinq : 9 €.

1   Which item is offered at a discount this week?
2   Which item is dishwasher proof?
3   What are the picnic items made from?
4   What is only available in two colours?
5   How many bowls are offered for €9?
6   Which article is only available in white?

Les quantités (1)

▶ If you want to read a French recipe, you will need to know the expressions for quantities.

▶ In France, weight is expressed in kilos and liquids are measured in litres. Here are some of the most common other measurements.

une cuillerée à soupe

une cuillerée à café

une pincée

un peu

un demi-litre

une tasse

une bouteille

un verre

7.13 Écoutons maintenant !

Listen to five people preparing various dishes for dinner and answer the questions.

1 How much salt does Alex's mother need?
2 How much water does Narissa add to the couscous?
3 What does Alain's mother add to the bœuf bourguignon?
4 How much pepper does Sophie put in this dish?
5 How much sugar does Laurent's father need for the apple tart?

Civilisation : Le dîner

▶ The evening meal (le dîner) is an important part of French daily life. This is usually a three-course dinner with a starter (l'entrée), a main course (le plat principal) with vegetables, and a dessert (le dessert). Parents might have a glass of wine with their meal. The children drink water or a soft drink. If the family is having cheese (le fromage) it is served after the main course and before the dessert.

▶ For a special occasion, French families go to le restaurant. You will find the menu outside all restaurants, with the prices clearly stated. There is often un plat du jour, a special dish of the day, and many restaurants offer une formule (a special value meal – starter and main course or main course and dessert for a set price).

Le poisson

Fish is very popular in France, particularly along the coast, although fresh fish is available everywhere daily. Here are some popular types which you may find on a French menu.

le saumon

la truite

le crabe

les crevettes

les moules

les fruits de mer

le thon

les sardines

Lisons maintenant!

Promo Poisson
Du lundi 12 au samedi 17 juin

MOULES
Pêchées en Atlantique Nord-Est
4,20 € la barquette
de 2 kilos

CREVETTES
Crevettes roses cuites
Parfait pour le barbecue le week-end!
Servir avec une salade verte
0,85 € les 100g

SAUMON
Darnes de saumon
Élevé en Norvège ou en Écosse
Avec peau, sans arêtes
3 pour le prix de 2!

SARDINES
Direct de la mer à votre table!
Savourez le vrai arôme de la mer
avec ces sardines pêchées sur la
côte ouest de la France
Parfait pour les grillades
5,90 € le kilo

1   Which fish is on offer at three for the price of two?
2   Where do the mussels come from?
3   Which fish gives you a real smell of the sea?
4   Which fish would be nice with a green salad?

Civilisation : Le fromage

▶ Over 300 different cheeses are produced in France! Each area has its own special cheese – for example, camembert and pont l'évêque traditionally come from Normandy, and roquefort is a sheep cheese from the south of France.

▶ Nowadays, you can find many French cheeses in your local supermarket: brie, camembert, roquefort, port-salut. Next time you're there, why not see how many types you can find? The class could then make a list.

Civilisation : Les desserts

▶ No meal would be complete without a dessert! Many of our words for desserts come from the French, e.g. mousse, profiteroles, sorbet, gâteau, crème caramel and meringues.

▶ Quite often, on a Sunday or special day, the dessert will be bought in a cake shop (une pâtisserie).

▶ Here are some popular French desserts.

It is said that Munster cheese, which comes from the Alsace region of France, was originally made by the Irish monks who settled there. 'Munster' may come from the old Latin word for 'monastery'. Another 'monastery' cheese is Port Salut.

la tarte aux pommes

la tarte tatin

le gâteau

la mousse au chocolat

la crème caramel

la crème brûlée

les crêpes

les profiteroles

les sorbets

La tarte tatin is named after two sisters who ran a restaurant: this was their speciality dessert.

les glaces

l'île flottante

la meringue

Un peu de fun!

With your partner or a larger class group, choose one of the desserts on page 209 with which you are not so familiar and look up the recipe for it. The class could then put them together as a recipe booklet called *Les Desserts français*.

7.14 Écoutons maintenant !

Listen to six people ordering desserts in a restaurant and note down what they order.

1 _____   2 _____
3 _____   4 _____
5 _____   6 _____

Lisons maintenant !

Lisez le menu de desserts ci-dessous et répondez aux questions qui suivent.

Les desserts

Mousse	4,25 €	**Coulant au chocolat**	4,75 €
(au chocolat, au citron, au cassis, à la framboise)		*(glace vanille)*	
		Glaces et sorbets	4,75 €
Crème caramel	4,25 €	*(deux parfums au choix :*	
		vanille, chocolat, pêche,	
Crème brûlée à la vanille	4,25 €	*cerise, cassis, citron)*	
Gâteau forêt noire	4,25 €	**Coupe Maison**	5,25 €
		(glace cerise, chocolat blanc,	
Salade de fruits de saison	4,25 €	*coulis de fruits rouges)*	
Tarte aux fraises	4,75 €	**Pêche Melba**	5,50 €
(nature, avec crème ou boule de glace)		*(glace pêche et vanille, pêche, crème, coulis de fruits)*	

---

1 Besides lemon and raspberry, what other fruit mousse is available?
2 What can you have with the chocolate dessert?
3 If you order ice cream, how many flavours may you choose?
4 What flavours of ice cream are used in 'la Coupe Maison'?
5 What are the **three** main ingredients of 'la Pêche Melba'?

Lisons maintenant !

Read the menu for this restaurant in Bordeaux and answer the questions which follow.

Midi et Soir

18,90 €
Entrée + Plat + Dessert

Entrée au choix

Terrine de canard Maison

Poêlée de Calamars et Chorizo

Melon Serrano

Salade Fraîcheur

6 huîtres nº 3

Plat au choix

Brochette de Txistorra

Brochette de Bœuf

Brochette de Thon

Lomo et ses Piquillos

Poulet de la Ferme Rôti

Dessert au choix

Mousse au chocolat

Nougat glacé

Riz comme Mamie

Tarte Tatin

Dessert du jour

1   What can you get for €18.90?
2   When is this menu available?
3   What type of terrine is on the menu?
4   Which fish is available as a main course?
5   What flavour mousse can you have for dessert?

7.15 Écoutons maintenant !

Listen to the names of some well-known supermarket chains being spelled out and write them down.

1 _____

2 _____

3 _____

4 _____

5 _____

6 _____

Écrivons maintenant !

(a) **Lettre symbole !** Remplacez les symboles par les mots français dans la lettre ci-dessous.

Bouzic, le 13 juillet

Cher Conor,

Merci pour ta lettre et les photos de ta famille. J'aime bien les photos prises au restaurant. Tu m'as demandé de parler un peu de la cuisine française dans cette lettre.

Le matin, pour le petit déjeuner, je bois du _____ et je mange

du _____ avec du beurre et du _____.

À midi, je mange à la cantine. Pour commencer, il y a de la _____ ou de la

_____. Comme plat principal, je préfère du _____ car je n'aime

pas la viande. Pour le dessert, il y a normalement des _____, un _____

ou une _____.

Chez moi, papa et maman font la cuisine. Papa prépare le dîner le samedi. Il y a du

_____ rôti avec des _____ et des _____.

Qui fait la cuisine chez toi ? Qu'est-ce que vous mangez en Irlande ? Quel est ton plat préféré ?

Écris-moi bientôt avec tes réponses.

Amitiés,

Félix

(b) Pretend you are Conor and write your reply to Félix. Use the lettre symbole above as a guide and the vocabulary you have learned in this unit.

Écrivons maintenant !

Carte postale ! You are on holiday in France, in Bordeaux with your family. Write a postcard to your French-speaking friend, Samuel/Noémie, including the following information.

– You are on holiday with your family.
– The weather is fine and sunny.
– You are having a good time (s'amuser).
– Mention some French foods you love.
– Mention one food you don't like.

Communication en classe

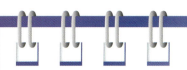

Mots clés

le déjeuner (m.)
le dessert (m.)
le dîner (m.)
l'entrée (f.)
le fromage (m.)
le goûter (m.)
les légumes (m.pl.)
le petit déjeuner (m.)
le plat principal (m.)
le poisson (m.)
le repas (m.)
la viande (f.)

- Mettez le chewing-gum à la poubelle tout de suite !
- Ne buvez pas en classe !
- Mettez les cahiers sur ma table, s'il vous plaît !
- Il est interdit de boire en classe !
- Mettez les papiers dans la poubelle !
- Il est interdit de manger en classe !
- Ne mangez pas en classe !
- Allez à la cantine !

Un petit quiz

Can you work out what these foods and drinks are, with the help of the clues?

This **L** = French word for vegetables.
This **E** = something to drink, it can be sparkling or still.
This **S** = something to eat, on a cold day as a starter to your meal.
This **R** = the fruit used to make wine.
This **E** = a French word for starter.
This **P** = a vegetable which Irish people eat a great deal of.
This **A** = a type of meat which comes from a lamb.
This **S** = used to flavour food. Too much is bad for you!

Épreuve

Question 1

(a) Match the lists to the shopping baskets.

a

du fromage
des tomates
de la confiture

b

du lait
du jambon
des yaourts

c

du lait
du beurre
du pain

d

du poulet
de l'eau minérale
du jus d'orange

1	2	3	4

(b) Look at these shopping baskets and write the lists in your copy. Don't forget to use **du**, **de la**, **de l'** or **des**.

1  2  3  4

For help with this exercise, see page 198.

Question 2

Find the odd one out.

1   a une brioche   b des croissants   c des carottes   d une baguette   ☐

2   a du lait   b de la confiture c du miel   d du beurre   ☐

3   a des champignons   b une pomme   c une pomme de terre d des choux   ☐

4   a du bœuf   b du saumon   c de l'agneau   d du mouton   ☐

5   a une poire   b un ananas   c un oignon   d une fraise   ☐

6   a une tasse   b un verre   c une glace   d une assiette   ☐

7   a un poulet   b un saumon   c une truite   d un crabe   ☐

8   a le petit déjeuner b le goûter   c le déjeuner   d le café   ☐

Question 3

Listen to Alicia, Zoë and Farid speaking about what they like to eat and complete the sentences below.

Alicia

1   Her favourite type of food is _____ .

2   In her favourite salad there are tomatoes, olives, cheese and _____ .

3   For dessert she likes _____ .

Zoë

4   Her favourite fruits are apples and _____ .

5   Her favourite dish, bouillabaisse, contains _____ .
    a beans   b peas   c carrots   d fish

6   A croque-madame has cheese, ham and _____ .

Farid

7   His favourite fast food is _____ .

8   Apart from oranges and blueberries, he loves _____ .

9   His favourite dessert is _____ .

Question 4

Write the correct forms of the verbs in brackets.

1   Tu (boire) _____ du jus d'orange ?

2   Il (vouloir) _____ du café.

3   Vous (mettre) _____ les verres sur la table.

4   Érica (vouloir) _____ une crêpe.

5   Elles (mettre) _____ les tasses dans le placard.

6   Est-ce que Sophie (boire) _____ de l'eau minérale ?

7   Je (vouloir) _____ une tarte tatin.

8   Nous (boire) _____ du thé.

9   Nous (vouloir) _____ une mousse au chocolat.

10   Je (mettre) _____ le couvert pour papa et moi.

> For help with this exercise, see pages 187, 196 & 204.

Question 5

Read this recipe for croque-monsieur and answer the questions that follow.

Le croque-monsieur

Ingrédients
4 tranches de pain
4 tranches de jambon
100g de fromage (gruyère)
sel, poivre
mayonnaise

Méthode
● Tartiner chaque tranche de pain avec la mayonnaise.
● Poser une tranche de jambon, du sel et du poivre sur chaque tranche de pain.
● Couvrir chaque tranche avec une tranche de fromage.
● Mettre les tranches dix minutes dans un four assez chaud.

1 Which of the following ingredients is **not** included in this recipe? ☐
   a bread   b cheese   c salami   d pepper

2 Apart from pepper, which other seasoning is used? _____

3 For how long do you cook the croque-monsieur? _____

Question 6

A recipe for a nice dessert, melon aux fruits rouges, is being given out on a local radio station. Listen and fill in the gaps.

You need:
_____ melons, 100g _____, _____ raspberries, 4 natural _____,
2 _____ lemon juice, _____ sugar.

Question 7

Can you find the words below in the **mots cachés**? They are all items you would see on a table.

z	p	w	o	x	p	u	s	c	s	l	w	b	o	l
p	d	i	g	p	b	o	y	t	j	e	e	v	m	s
b	q	w	l	è	u	k	m	a	q	t	l	y	i	k
b	a	j	r	c	f	w	i	w	t	v	t	k	h	q
g	o	h	o	n	b	t	x	e	f	t	u	z	w	h
x	p	u	f	b	h	m	h	u	d	e	y	c	j	o
o	p	a	w	g	d	c	p	h	t	m	e	u	e	z
e	q	a	s	e	r	v	i	e	t	t	e	i	s	h
q	f	d	s	u	a	e	t	u	o	c	u	l	s	e
h	q	a	o	s	r	f	k	f	z	y	g	l	a	x
p	g	f	r	r	i	d	a	i	d	l	l	è	t	g
z	j	s	e	a	q	e	m	a	m	h	y	r	w	m
x	q	v	j	l	c	a	t	p	u	n	y	e	m	l
x	z	v	a	o	c	n	g	t	j	m	j	u	j	s
i	k	l	y	k	g	d	m	f	e	q	q	m	w	u

bol
carafe
couteau
cuillère
fourchette
sel
serviette
soucoupe
tasse
verre

Question 8

Write sentences naming these items in your copy, remembering to use **c'est** or **ce sont** correctly.

1

2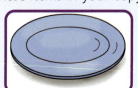

3

4

5

6

7

8

For help with this exercise, see page 192.

Question 9

Read this recipe and answer the questions which follow.

Les crêpes

Pour 24 crêpes environ
250g de farine
4 œufs
175g de sucre
3 sachets de sucre vanillé
3/4 l de lait frais
environ 50g de beurre demi-sel
 pour la cuisson
1 pincée de sel
4 cuillerées à soupe d'huile

Préparation: quinze minutes

1   Tick the ingredients which are needed for this recipe in the grid.
2   How long does it take to prepare this recipe?

_____

flour		butter	
lemon		porridge oats	
eggs		salt	
water		pepper	
milk		sugar	

Question 10

Listen to the announcements in a supermarket about their special offers for this week and answer the questions.

1   Name one type of pizza available in this offer.   _____
2   How many slices of ham are there for €4.90?   _____
3   What weight is this bag of potatoes?   _____
4   Name one type of fish available in the product called l'assiette de mer. _____
5   Which type of grapes is on offer?   _____

Question 11

Write to a French-speaking friend, Samuel/Sara, and include the following points.

– You are staying with a French family in Antibes, in the south of France.
– The weather is very good.
– You go to school and eat lunch in the canteen.
– You go to the Café des Sports for a snack after classes.
– You love the ice cream (mention your favourite flavour).

Visit
www.edco.ie/bontravail1
for interactive revision exercises

218

Unité 8

Faire des courses

Civilisation : Le marché

- ▶ Almost every town and village in France has a market. In larger towns they are held every day, in small villages once or twice a week.

- ▶ French people like to buy fresh food, so going to the market is a regular part of shopping.

- ▶ Organic produce (les produits biologiques) is growing in popularity, and in the market you are usually buying from small local producers who use organic methods.

- ▶ As well as fruit and vegetables, market stalls may sell fish, cheeses, poultry, eggs, herbs, honey, olives, bread and flowers.

8.1 Écoutons maintenant !

Aisling and Cian are staying with a French family. Madame Collet, their hostess, brings them to the market with her. Listen to her pointing out the stalls she shops at and work out the name of each stallholder.

Marchand de fruits et légumes

Marchand de poissons

Marchand de fleurs

Marchand de produits laitiers

Marchand de volaille

Marine Cotin   Marcel Legeay   Bernadette Letellier   Jean Trouchard   Marie Ducloy

Exercice 1

Quel marchand? Here is a list of goods. Which stallholder would you go to in order to buy each item?

1	1 kilo de pommes de terre
2	500g de fromage
3	1 kilo de crevettes
4	1 poulet
5	un bouquet de roses
6	2 truites
7	6 pêches
8	2 escalopes de dinde

1 Je vais chez le marchand de fruits et légumes.

2 Je vais chez le marchand de _____.

3 Je vais chez le marchand de _____.

4 Je vais chez le marchand de _____.

5 Je vais chez le marchand de _____.

6 Je vais chez le marchand de _____.

7 Je vais chez le marchand de _____.

8 Je vais chez le marchand de _____.

Coin grammaire: The verb 'venir'

When Madame Collet spoke about the stallholders, she said je viens and elle vient. These are parts of le présent (the present tense) of the verb venir *(to come)*. It is an irregular verb and so you need to learn it par cœur.

8.2 Écoutons maintenant!

Listen to how the verb venir *(to come)* sounds in the present tense.

je	viens	nous	venons
tu	viens	vous	venez
il	vient	ils	viennent
elle	vient	elles	viennent

Rappel!
Le négatif 'ne ... pas':
Je **ne** viens **pas** d'Italie.
Je **ne** viens **pas** au collège.

Exercice 2

Complete these sentences using the correct part of venir.

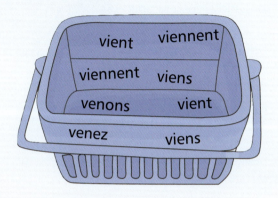

1   Je _____ faire mes courses.
2   Nous _____ au marché.
3   La laitue _____ de Provence.
4   Tu _____ à l'école ?
5   Les cerises _____ de Bretagne.
6   Vous _____ avec moi ?
7   Les oignons _____ de Nantes.
8   Le fromage _____ de Normandie.

Encore des nombres

You have already learned the numbers as far as 60 (see Unités 2 and 4). Now that you are going shopping, it is time to move on to some bigger numbers. As the numbers get larger in French, they vary a little from the pattern you have learned so far.

8.3 Écoutons maintenant !

Listen and look at the numbers from **60** to **80**.

soixante	60	soixante-dix	70	$(60 + 10)$
soixante-et-un	61	soixante-et-onze	71	$(60 + 11)$
soixante-deux	62	soixante-douze	72	
soixante-trois	63	soixante-treize	73	
soixante-quatre	64	soixante-quatorze	74	
soixante-cinq	65	soixante-quinze	75	
soixante-six	66	soixante-seize	76	
soixante-sept	67	soixante-dix-sept	77	
soixante-huit	68	soixante-dix-huit	78	
soixante-neuf	69	soixante-dix-neuf	79	
		quatre-vingts	80	(4×20)

Attention!
Did you notice? There is no word for **70** in French! You say 'sixty ten'. Nor is there a word for **80**. You say 'four twenties'!

Exercice 3

Write the answers to the following sums **in French** in your copy.

a   30 + 31 =
b   40 + 25 =
c   70 − 2 =
d   50 + 20 =
e   80 − 8 =
f   60 + 14 =
g   50 − 27 =
h   90 − 10 =

Civilisation: La monnaie

▶ **L'argent** is the French word for *money*. It comes from the Latin word for *silver*, 'argentum'.

▶ France is a member of the European Union, and French people use the euro as we do.

▶ However, because the word for '100' is **cent**, they use **centimes** when they want to talk about *cents*. Money comes in **billets** *(notes)* and **pièces** *(coins)*. **La monnaie** is the word for *small change*.

Exercice 4

Reliez les bulles avec les images! These six people have been looking at their change. Work out who each of the piles of coins below belongs to.

Moi, j'ai soixante-cinq centimes.

Marc

Quelle surprise! Seulement soixante-neuf centimes!

Valentine

J'ai quatre-vingts centimes dans mon porte-monnaie.

Béatrice

Voilà! Soixante-quinze centimes.

Laurent

J'ai soixante-seize centimes.

Sophie

J'ai soixante-quatorze centimes.

Olivier

8.4 Écoutons maintenant!

Five people are buying items at the market. How much do they have to pay for what they have bought?

1 _____   2 _____   3 _____
4 _____   5 _____

Les quantités (2)

▶ Remember that kilos are used for weight and litres are used for liquids (see page 207).

▶ Some other useful measures are:

une tranche **de** …

un pot **de** …

une tête **de** …

un morceau **de** …

un paquet **de** …

une barquette **de** …

une boîte **de** …

une demi-douzaine **de** …

▶ Remember: when you are using expressions of quantity, they are always followed by de if the noun starts with a consonant.
Exemples : un morceau de fromage, un paquet de biscuits, 250g de cerises

▶ If the noun which follows the expression of quantity begins with a vowel or silent 'h', de is shortened to d'.
Exemples : un kilo d'oignons, 50g d'herbes de Provence

8.5 Écoutons maintenant!

Listen to four people buying items at the market. How much of each item do they buy?

1 _____ chou-fleur   2 _____ œufs
  _____ oignons   _____ pâté de canard

3 _____ yaourt   4 _____ framboises
  _____ fromage de chèvre   _____ huile d'olive

Parlons maintenant!

With your partner, take turns being the customer and the stallholder. Ask the price of the following items and give the answer.

Combien **coûte** le saumon?

Il **coûte** 6,50 € le kilo.

Combien **coûtent** les raisins?

Ils **coûtent** 3 € le kilo.

Exemple :

Question :
Combien **coûtent** les tomates?

Réponse :
Les tomates **coûtent** 1,30 € le kilo.

1,30 € le kilo

 **1** 2 € le kilo

 **2** 3,30 € le pot

 3 1,50 € le paquet

 **4** 3,25 € la tranche

5 1,20 € la tête

6 2,50 € la barquette

7 2,80 € la boîte

8  6 € la douzaine

Civilisation: Les magasins du quartier

As well as going to the market, French people use their local shops for everyday shopping. Shops open early in the morning, in particular the baker, who may be open from 6.30 a.m. to bring fresh bread to the customers. Most shops in France do not open on Sundays, although there is a lot of discussion about this and some large supermarkets do. Local shops which provide essential items may open for a short time on Sunday mornings.

La boulangerie

You are probably familiar with the French baguette and croissants, as they are available in many shops in Ireland. The word baguette can also mean *conductor's baton*! There is a narrower bread stick, une ficelle, which means *a piece of string*. Because no preservatives are added to French breads, they do not usually stay fresh longer than a day. Brioche is a slightly sweet bread loaf which is also popular.

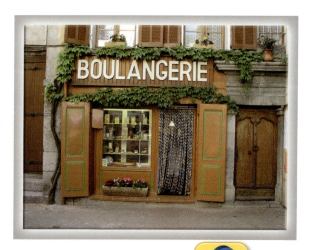

The nearest thing to Irish sliced bread in France is called **pain de mie**.

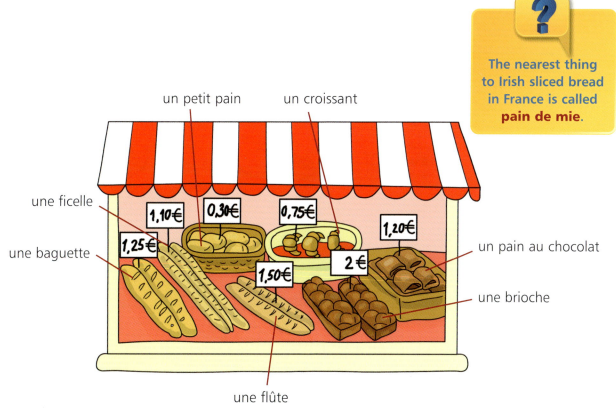

un petit pain • un croissant • une ficelle • une baguette • 1,10€ • 0,30€ • 0,75€ • 1,20€ • 1,25€ • 2 € • un pain au chocolat • 1,50€ • une brioche • une flûte

Lisons maintenant!

Who is buying which type of bread? Write the number of the shopping basket next to each person.

Deux baguettes et deux pains au chocolat.

Cinq croissants et une baguette.

Six petits pains et une baguette.

Trois croissants et deux pains au chocolat.

Une brioche et deux baguettes.

Une flûte et deux petits pains.

1   2   3   4   5   6

 a
 b
 c
 d
 e
 f

La boucherie

French people eat a far wider range of meat products than we do in Ireland. Every bit of the animal is on offer: liver, kidneys, brains and sometimes even pigs' ears! Rabbit is also popular and in some parts of France horse meat can still be bought. Here are the most popular types of meat you might buy.

le rosbif

le steak haché

la brochette de porc

les côtelettes d'agneau

les escalopes de veau

un gigot d'agneau

le lapin

8.6 Écoutons maintenant!

What type of meat do the people order for their main course?

1 _____   2 _____

3 _____   4 _____

5 _____   6 _____

French people tend to eat their meat less well done than we do. You can ask for it to be **bien cuit** if you want it well done.

L'épicerie

L'épicerie is the local grocery shop. Like a lot of shops in small towns in France, it may close during the lunch hour but will probably be open later in the evening. It is useful when you want to buy small amounts of food or do not want the trouble of going to the big supermarket. In a small town, customers are known to the shopkeeper (l'épicier/l'épicière) and they might feel they are getting a more personal service.

8.7 Écoutons maintenant !

Manon range les rayons ! Manon is helping in her uncle's small shop on Saturdays. She is supposed to stock the shelves. Can you help her to put the following items on the correct shelf? Listen and put the correct word in the space provided on the shelves.

For this exercise you need to learn some new prepositions:

à côté du/de la/des	Les bananes sont à côté des poires.	The bananas are **beside** the pears.
au-dessus du/de la/des	Les ananas sont au-dessus des pommes.	The pineapples are **above** the apples.

1

les yaourts

2
les pâtes

3

le café

4 les chips

5 le jus d'orange

6 le miel

7 les tomates

8 la farine

La charcuterie

La charcuterie is where you go in France to buy prepared meals, cold meats and salads.
It's a bit like the 'deli' counter we are familiar with. If you can solve the following exercise,
you will find a list of items which you can usually buy in a charcuterie.

Exercice 5

(a) Cherchez l'intrus ! Circle the odd item in the following lists.

1 a un bifteck   b une quiche   c une côtelette d'agneau   d un gigot de porc

2 a des courgettes   b des petits pois   c des choux   d du pâté

3 a des pommes   b des myrtilles   c du jambon cuit   d des ananas

4 a une terrine de   b des éclairs   c des profiteroles   d un gâteau
     saumon   au chocolat

5 a du saucisson   b du sucre   c du café   d du lait

6 a une salade de fruits b une mousse au   c une salade de riz   d une tarte aux
                            citron   aux crevettes   pommes

7 a des pommes de terre b une salade niçoise   c des petits pois   d un chou-fleur

8 a une tarte au citron b une tarte tatin   c une tarte aux prunes   d une tarte au
                                                                               fromage de chèvre

(b) Now make a shopping list of your answers in your copy. Don't forget to include how much
you want of each item.

Lisons maintenant!

Look at these items and answer the questions which follow.

1€⁴⁵

Pizza, jambon champignons ou jambon 3 fromages, la pièce de 200g.

2€³⁶

Mousse de canard au porto. Le lot de 2 barquettes de 50g.

2€⁷⁵

Hachis parmentier au bœuf cuisiné. Le lot de 1 plat + 1 gratuit (600g).

10€⁹⁹

Saumon fumé. Le lot de barquettes de 4 tranches, dont 10% gratuit. Écosse ou Irlande.

4€

Rôti de Porc cuit supérieur. Produit de France. La barquette de 4 tranches (180g).

2€⁵¹

Jambon de Paris. Sel réduit. La barquette de 4 tranches (160g).

1   Name one type of pizza on offer.
2   What is the mousse made from?
3   Where does the smoked salmon come from?
4   What type of meat is used in the shepherd's pie?
5   How is the pork cooked?
6   What comment is made about the jambon de Paris?

La pâtisserie

8.8 Écoutons maintenant!

Listen to these people talking about which type of cake they like and which they don't like. If the person likes the cake, put a tick ✔ in the box. If they don't like it, put a cross ✗.

	la tarte tatin	le gâteau au chocolat	les macarons	le gâteau aux pêches	les éclairs	le far breton
Marguerite						
Jean						
Bernard						
Lucie						
Sylvie						
Pascal						

Un peu de fun!

Divide the class into small groups. Each group is given the name of one of the following shops: une boulangerie, une boucherie, une épicerie, une charcuterie and une pâtisserie. Each group makes a poster/collage illustrating what can be bought in that particular shop.

Le supermarché

As well as shopping in small local shops, French people visit large supermarkets, or 'hypermarkets', to do their weekly shopping.
These are usually situated on the outskirts of towns.
A hypermarket is known as une grande surface and can be part of a shopping centre (le centre commercial).

230

Of course, nowadays many big chains offer an online service for those who are too busy to get to the shops.

SuperPro Le Chambon
Gagnez du temps !
Vous commandez, nous livrons.
Livraison à domicile
Par Internet : www.superpro-lechambon.com

Dans le supermarché SuperPro

les produits laitiers
les rayons
la station-service
les chariots
l'entrée
les surgelés
le parking
les boissons
la sortie
la caisse
le sous-sol

Lisons maintenant !

Faites des paires ! Match these signs to the correct illustrations. The first one is done for you.

1 les surgelés
2 le parking
3 les produits laitiers
4 la sortie
5 les boissons
6 les rayons
7 le chariot
8 la caisse
9 l'entrée
10 le sous-sol

a
b
c
d
e
f
g
h
i
j

1	c
2	
3	
4	
5	
6	
7	
8	
9	
10	

8.9 Écoutons maintenant!

Listen to five employees telling you about where they work in the supermarket. Write their name under the correct photo.

Jonathan

Michel

Claudine

Tony

Sophie

a _____

b _____

c _____

d _____

e _____

Lisons maintenant!

Read these special offers and answer the questions on the next page.

Le lot de 2 BOÎTES
3€55
Petits pois extra-fins
« d'aucy »
Le lot de 2 boîtes de
495 g = 990 g
(soit 1 kg : 3,59 €)

Le lot de 3 BOÎTES
3€70
Filets de sardines
Huile d'olive ou basilic
Le lot de 3 boîtes de
100 g = 400 g
(soit 1 kg : 12,33 €)

PRIX CHOC
2€10
Thon sauce tomate ou
ratatouille
Le plat cuisiné pour une
personne = 300 g
(soit 1 kg : 7,00 €)

OFFRE SPÉCIALE
1€25
Chips légères « Dufour »
Moins de 30% de M.G.
Le paquet de 150 g (soit 1 kg :
8,33 €)

+33% GRATUIT
2€50
Pâtes « Parazzi »
Variétés au choix
Le lot de 3 paquets de
500 g + 33% gratuit = 2 kg
(soit 1 kg : 1,25 €)

PRIX CHOC
2€45
Biscuits Pépito
Chocolat au lait et chocolat noir
Le lot de 3 paquets de 200 g = 600
(soit 1 kg : 4,08 €)

1   What vegetable can you buy for €3.55?
2   Which product offers 33% extra?
3   How many people does the tuna dish serve?
4   Name **one** flavour the sardines come in.
5   Apart from milk chocolate, what other type of chocolate chip do the biscuits contain?
6   How much does the packet of crisps contain?

Lisons maintenant!

Read these two receipts and answer the questions which follow.

MARCHÉ SUPERPRO
Boulevard du Maréchal Joffre
06310 Beaulieu-sur-Mer

>>>> CHARCUTERIE FRAÎCHE EMBA	
RÔTI PORC CUIT AU FOUR 4TR	2,76 €
>>>> BOULANGERIE	
1/2 BAGUETTE 125G	0,28 €
>>>> LÉGUMES	
TOMATE GRAPPE	0,65 €
>>>> ULTRA FRAIS	
ACTIVIA SAV. GOÛT CITRON 4X125G	1,42 €
>>>> FRUITS	
MELON	1,69 €
>>>> JUS ET NECTARS	
PUR JUS D'ORANGE BRIQUE 1L	1,20 €
>>>> BISCUITS SUCRÉS	
BISCUITS FLORENTINS SDS 100G	1,62 €
PALMIERS PAQUET 100G	0,45 €
>>>> VINS AOC	
CÔTES DU VENTOUX RG 07 75CL	2,55 €
>>>> OUTILS D'ESSUYAGE	
ÉPONGE SPONTEX X 5	2,74 €
===========	
TOTAL 10 Article(s)	15,36 €

Merci de votre visite
Ouvert du lundi au samedi
8h30 à 19h30

MARCHÉ SUPERPRO
Boulevard du Maréchal Joffre
06310 Beaulieu-sur-Mer

>>>> LÉGUMES	
CHAMPIGNON BLANC	0,89 €
TOMATE GRAPPE	0,67 €
>>>> POISSON TRADITIONNEL	
SAUMON ÉLEVÉ NORVÈGE	6,73 €
>>>> FRUITS	
CITRON VERT	0,42 €
>>>> CHARCUTERIE TRADT	
DÉLICE DE SAISON AUX ASPERGES	1,59 €
>>>> JUS ET NECTARS	
PUR JUS D'ORANGE BRIQUE 1L	1,20 €
>>>> VINS AOC	
CDP LES MOULIÈRES ROSÉ 06	4,97 €
===========	
TOTAL 7 Article(s)	16,47 €

Merci de votre visite
Ouvert du lundi au samedi
8h30 à 19h30

1   What type of cold meat was bought?
2   What flavour was the juice?
3   Besides tomatoes, what else was bought at the vegetable counter?
4   What type of fish was bought?

8.10 Écoutons maintenant !

Listen to the special offers and fill in the details in the grid.

	shelf	product	quantity	price
Offer 1				
Offer 2				
Offer 3				
Offer 4				
Offer 5				

Coin grammaire : The future (le futur proche)

- So far, you have learned about le présent (present tense) of verbs. Sometimes you want to be able to say what you are going to do in the future. To do this, you can use le futur proche. It is not too difficult!

- Read the following sentences and then look at their English translations.

Je vais manger au café des Sports.	*I am going to eat in the Café des Sports.*
Elle va faire des courses au supermarché.	*She is going to do some shopping in the supermarket.*
Nous allons boire du jus de pomme.	*We are going to drink apple juice.*
Ils vont acheter un paquet de chips.	*They are going to buy a packet of crisps.*

- Can you see that in English you use the verb 'to go' to make these sentences? It is the same pattern in French.

Formation

- To make le futur proche, you use le présent of the verb aller + l'infinitif of the verb you need to use.

Exemples :

Je vais manger une quiche.
Tu vas manger une quiche
Il/Elle va manger une quiche.

Nous allons manger une quiche.
Vous allez manger une quiche.
Ils/Elles vont manger une quiche.

Rappel !
L'infinitif is the part of the verb you will find in a dictionary or your *Lexique*. You can look back at the verb aller on page 75.

Useful phrases to talk about the future

ce soir	*this evening*	demain soir	*tomorrow evening*
la semaine prochaine	*next week*	demain	*tomorrow*
plus tard	*later on*	le week-end prochain	*next weekend*

Exercice 6

Complete these sentences. Write them in your copy and add what they mean in English.
Exemple : manger : Je **vais manger** à la maison dimanche. *I'm going to eat at home on Sunday.*

1   téléphoner :   Je _____ _____ à Karine samedi.

2   organiser :   Tu _____ _____ une fête pour Louis.

3   manger :   Nous _____ _____ du pain à midi.

4   prendre :   Mon copain _____ _____ la mousse comme dessert.

5   choisir :   Maman _____ _____ des fleurs pour grand-mère.

6   acheter :   Luc et Sophie _____ _____ des yaourts.

7   boire :   Vous _____ _____ du coca ?

8   ranger :   Les employés _____ _____ les rayons.

Civilisation : Le restaurant

Nearly every town and village in France has a restaurant or café where families eat out. Many of them are small, family-run businesses. They offer local dishes at very good prices, so eating out tends to be cheaper than in Ireland.

Dîner au restaurant

When booking a table, you are asked for your name, which you need to be able to spell in French.

8.11 Écoutons et répétons maintenant !

You learned the French alphabet in Unité 1 (page 21). Listen to it again to remind yourself of how it sounds.

**a b c d e f g h i j k l m
n o p q r s t u v w x y z**

8.12 Écoutons maintenant !

Listen to six people making bookings for meals in the restaurant. Write the name of each family.

1   _____   2   _____   3   _____

4   _____   5   _____   6   _____

Commander un repas (Ordering a meal)

This is how the customer asks to see the menu.

This is how the waiter/waitress asks you what you would like to order.

You are asked what you would like as a starter.

You order your main course.

You order your dessert or cheese.

The waiter wants to know what you will drink.

You ask for your bill.

Exercice 7

Faites des paires ! You are ordering a meal in a restaurant. Match the beginning of each phrase with the correct ending.

1	Pour commencer	a	une crème caramel.
2	Comme plat principal	b	une salade verte.
3	Et avec ça, je voudrais	c	un verre de vin blanc.
4	Comme dessert	d	je vais prendre le pâté au canard.
5	Comme boisson, je voudrais	e	la dinde rôtie.

8.13 Écoutons maintenant!

Marcel is dining out and gives his order to the waitress. Listen to the conversation and write in your copy what Marcel is going to eat.

Parlons maintenant!

You want to order a meal in a French restaurant. Using the phrases from Exercice 7 on page 236, make up the conversation. Your partner can play the part of the waiter/waitress. Then swap roles.

Un peu de fun!

Now that you know a lot of words for food items, you might like to organise a déjeuner français for the class. Here are some ideas for you.

1   Dessinez un poster.

Déjeuner français
Classe _____
Date: _____
Heure: _____
Salle n°.: _____
À manger: _____
À boire: _____

2   Faites une liste des invités (c'est à vous de décider) et dessinez l'invitation.
3   Préparez une liste de courses et décidez qui va acheter quoi et combien.
4   Décorez la salle – trouvez des posters de France et faites des petits drapeaux français.

5   Cherchez de la musique française ou un DVD français.
     Et amusez-vous bien!

Lisons maintenant!

Les restaurants! You are on holiday and you want to eat in one of these restaurants.

1

Le Corsaire

Restaurant traditionnel

Soupe de poissons, fruits de mer
Carte variée
Ouvert 7 jours sur 7 en saison
12, quai Victor Hugo
Tél. 04.42.96.18.00

2

LA MAIN À LA PÂTE

PIZZAS ET CUISINE AU FEU DE BOIS

Pâtes fraîches maison
Fermé le lundi et le mardi, uniquement le lundi en saison
6, avenue de la Mer –
Tél. 04 42 00 12 10

3

Le Rimbaud

Buffet libre à volonté

Jus de fruit enfant gratuit
Buffet froid + Buffet chaud +
Buffet dessert + Verre de vin
par personne
92 avenue du Port
Tél. : 04.42.10.72.40

4

Esprit

L'artisan des saveurs

Service non-stop
GLACES MAISON sur place ou à emporter
Pâtissier • Salon de thé • Saladerie
3, rue de la Gare Maritime
Tél. : 04.24.06.27.49

5

Le Rendez-vous

Cuisine méditerranéenne
Ouvert tous les soirs en saison
Jeudi/vendredi/samedi hors saison

43 blvd Maritime
Tél. 04 42 10 78 95

6

Restaurant du Cœur

(les midis – 29 € vin compris)
Catherine et Valentin sont à votre disposition pour organiser vos repas de famille, mariage, baptême …
Produits biologiques de notre ferme familiale
Fermé le lundi

7 rue de la Libération · Tél. : 04.42.12.21.01 · www.restoducoeur.fr

7

Le Miramar

Restaurant – Bar – Brasserie

VUE PANORAMIQUE DU PORT

Spécialités de poissons
et de fruits de mer
57, avenue du Port
Tél. 04.42.15.05.04

Write the name of the restaurant you would go to

a   if you wanted a free drink for a child: _____

b   if you wanted to eat organic food: _____

c   if you wanted fresh pasta: _____

d   if you wanted home-made ice cream: _____

Écrivons maintenant!

You are on holiday in St-Malo. Send a postcard to your French correspondant(e), Martin/Myriam, in which you say

– you are staying in St-Malo in the north of France with your family
– the weather is fine and sunny
– you go to the market every day (tous les jours)
– some of the things you buy there
– you are going to visit Rennes next Saturday.

Communication en classe

▶ Venez ici avec vos cahiers!

▶ Je viens tout de suite, madame.

▶ Je vais donner vos devoirs maintenant. Sortez vos carnets!

▶ Nous allons faire une dictée maintenant.

▶ Vous allez avoir un petit test demain.

▶ Ouvrez vos livres à la page soixante-douze!

▶ L'exercice est à la page quatre-vingt-un.

▶ Mettez les cartables sous les chaises!

▶ Killian, va t'asseoir à côté de Rory.

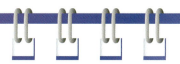

Mots clés

l'addition (f.)
la boisson (f.)
la boucherie (f.)
la boulangerie (f.)
la carte (f.)
la charcuterie (f.)
l'épicerie (f.)
le marché (m.)
la pâtisserie (f.)
le rayon (m.)
le restaurant (m.)
le supermarché (m.)

Épreuve

Question 1

Read this shopping list and work out which stallholder in the market the person needs to go to for each item. Write the answers in your copy.

> 500g d'oignons
> 2 truites
> 6 œufs
> 1 barquette de myrtilles
> 2 kilos de moules
> fleurs pour maman

Marchand de fruits et légumes

Marchand de poissons

Marchand de fleurs

Marchand de produits laitiers

Marchand de volaille

Question 2

Complete these sentences with the correct form of venir.

1 Je _____ à l'école à pied.
2 Elle _____ chez moi le samedi.
3 Ma grand-mère _____ tous les dimanches pour le dîner.
4 Est-ce que tu _____ à la pâtisserie pour acheter un gâteau ?
5 Vous _____ au marché pour acheter des fleurs ?
6 Paulette et Gaby _____ au restaurant pour la fête.
7 Nous _____ à la boucherie pour du steak haché.
8 Ils _____ dans mon quartier pour me rendre visite.

> For help with this exercise, see page 220.

Question 3

Listen and decide what each of the six people buys.

1 _____   2 _____   3 _____
4 _____   5 _____   6 _____

Question 4

Alain and his mother are going to buy the food for his birthday party. Fifi the poodle has munched the shopping list. Help Alain to put it back together: rewrite the list in your copy.

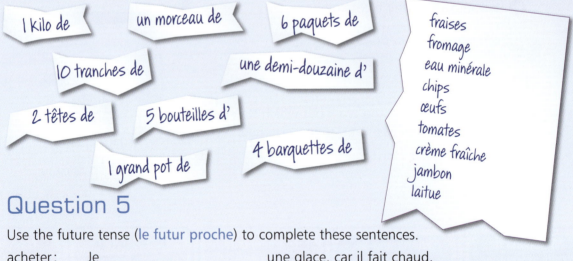

I kilo de

un morceau de

6 paquets de

10 tranches de

une demi-douzaine d'

2 têtes de

5 bouteilles d'

I grand pot de

4 barquettes de

fraises
fromage
eau minérale
chips
œufs
tomates
crème fraîche
jambon
laitue

Question 5

Use the future tense (le futur proche) to complete these sentences.

acheter :   Je _____ _____ une glace, car il fait chaud.
organiser : Nous _____ _____ une fête pour Samuel.
faire :   Vous _____ _____ un pique-nique le week-end.
arriver :   Il _____ _____ samedi soir.
prendre :   Louise _____ _____ le rosbif.
sortir :   Les filles _____ _____ au café.
venir :   Est-ce que tu _____ _____ en Irlande l'été prochain ?
vendre :   Les marchands _____ _____ leurs produits sur le marché.

Question 6

Listen to six people telling you which number ticket they have for the raffle. Write down the numbers you hear in figures.

1 _____ 2 _____ 3 _____

4 _____ 5 _____ 6 _____

Question 7

You are in a French supermarket. Which sign would you look for?

1 You want to buy some frozen peas.
   a rayon charcuterie   b rayon surgélés   c rayon pâtisserie   d rayon boulangerie ☐

2 You are looking for the check-out.
   a chariots   b sortie   c caisse   d charcuterie ☐

3 You want to buy some green beans.
   a rayon poissonnerie b rayon boucherie c rayon fromages   d rayon légumes ☐

4 You want to buy cold meats.
   a rayon charcuterie   b sortie   c rayon boucherie   d parking ☐

5 You need a trolley.
   a entrée   b sous-sol   c chariots   d parking ☐

Question 8

Listen to six announcements in a supermarket. What is on offer and what is the price?

	item	price
1		
2		
3		
4		
5		
6		

Question 9

You are on a school trip to France. You visit Bordeaux for the day with your class. Send a postcard to your French correspondant(e), Christophe/Christine, who lives in Rennes. Say

– where you are and with whom
– the weather is sunny
– you are going to eat in a restaurant this evening
– you are going to buy a present for your mother tomorrow
– you are going to arrive home (chez moi) next week.

Question 10

The pupils of cinquième at the Collège Auguste Renoir have written to their friends in St Patrick's Community School, Clonardin, about their local town. Listen and fill in the gaps, using the following words.

fleurs	vendredi	poissons
supermarché	épicerie	gâteaux
boucherie	fruits et légumes	chips
restaurant	magasins	courses

St-Michel-sur-Loire, le 27 octobre

Chers amis !

Merci pour la lettre que le professeur, Monsieur Musset, a reçue. Les repas en Irlande sont un peu différents. Vous mangez plus de friandises et de chips que nous !

Maintenant nous allons décrire les magasins de la ville de St-Michel-sur-Loire. Il y a un marché le _____. Il y a des marchands de _____, un marchand de volaille, un marchand de _____, un marchand de produits laitiers. La mère de Mathéo vend des _____ et des plantes.

Dans la ville il y a des magasins. Il y a une _____. C'est le magasin du père de Léa. À côté, il y a une boulangerie/pâtisserie. C'est le magasin des parents de Tony. Nous achetons les _____ pour des fêtes dans ce magasin. Dans la ville, nous avons aussi une petite _____ où nous allons acheter des bonbons et des _____ après l'école. Les parents de Stéphane ont un petit _____, qui s'appelle « Les Bons Moments ».

À deux kilomètres de la ville, il y a une grande surface avec un _____ qui s'appelle « SuperX ». Nous allons faire les _____ là-bas le samedi.

C'est tout pour l'instant. Écrivez bientôt avec une description des _____ de la ville de Clonardin.

Meilleurs vœux de toute la classe de 5ème au Collège Auguste Renoir.

Nicolas Laval
Alice Gautier

P.S. Nous envoyons une photo de la ville avec la lettre. C'est une jolie ville, n'est-ce pas ?

 ## Civilisation : Les villes françaises

▶ In the last unit you learned the words for some of the shops you would find in a typical French town. Now we are going to look at the other buildings you might come across. Some of their names are very like their English counterparts. For example:

   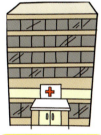 

| la poste | la banque | le cinéma | l'hôpital | le théâtre |

▶ Many French towns are set out in a traditional way, with the church, l'église, as the centre point and a large square in front of it – la place de l'Église. Une place is the French word for a square. Most streets lead off this central area.

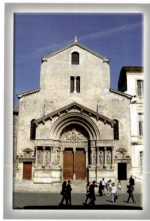

▶ Large cities and towns have un hôtel de ville – not somewhere you can stay, but where the local council has its offices. In smaller towns the council offices are in la mairie, where the mayor (le maire/la mairesse) works. Every town and village in France has a mayor, elected by the local population. Among the mayor's duties is to marry couples, and you often see bridal groups outside la mairie. They can then go to the local church or place of worship if they wish to have a religious service as well.

La mairie is a busy place – you go there for all local council enquiries, to register your children for local schools and to get application forms for services. The council may organise cultural and sporting events.

▶ As a visitor to a French town, you will need to get tourist information. For this you go to l'office de tourisme, sometimes called le syndicat d'initiative, which will provide a plan de la ville (town map) and information on tourist sights and events in the area.

9.1 Écoutons maintenant!

Mark and Sinéad have just arrived in St-Michel-sur-Loire on a school exchange and their French exchange partners, Louis and Julie, are showing them around the town.
Listen to Louis and Julie pointing out twelve places, and number them in order in the boxes on the plan.

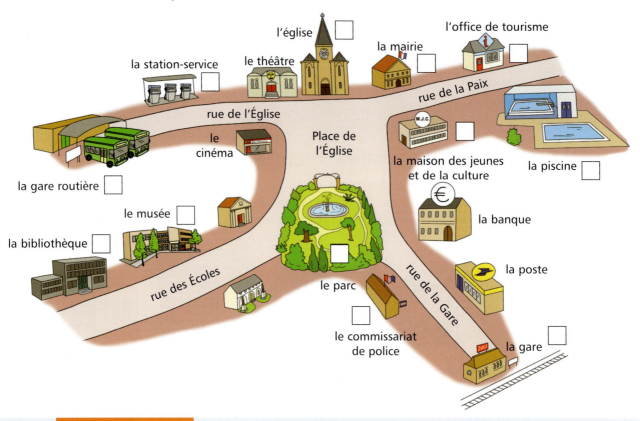

l'église

le théâtre

la station-service

l'office de tourisme

la mairie

rue de la Paix

rue de l'Église

le cinéma

Place de l'Église

la maison des jeunes et de la culture

la piscine

la gare routière

le musée

la banque

la bibliothèque

rue des Écoles

la poste

le parc

rue de la Gare

le commissariat de police

la gare

Exercice 1

Write the French name for each of these buildings.

1 _____

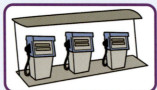

2 _____

3 _____

4 _____

5 _____

6 _____

Exercice 2

Where would you go? Write the French word for the name of the building you would go to if you wanted

1   to borrow a book   _____

2   to catch a bus   _____

3   to have a swim   _____

4   to get petrol   _____

5   to report a lost mobile phone   _____

6   to get tourist information   _____

Exercice 3

Où est-ce qu'ils veulent aller ? Where do they want to go? Six visitors from abroad are visiting St-Michel-sur-Loire. Find out where each person wants to go and complete the sentences below in your copy.

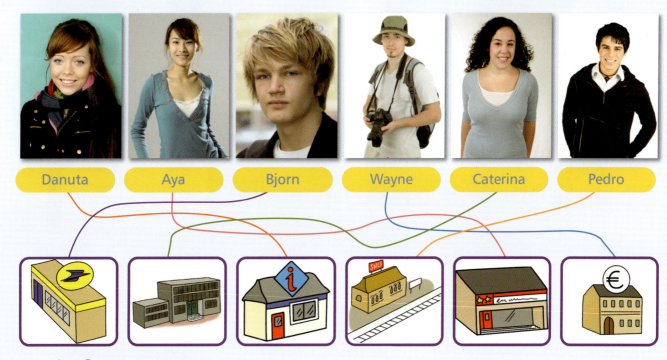

Danuta   Aya   Bjorn   Wayne   Caterina   Pedro

1   Danuta veut trouver _____.
2   Wayne veut aller à _____.
3   Caterina veut trouver _____.
4   Bjorn veut visiter _____.
5   Aya veut trouver _____.
6   Pedro veut aller à _____.

Lisons maintenant !

Read these advertisements for events taking place in St-Michel this coming week and answer the questions which follow.

Festival de la BD
Du samedi 4 au dimanche 5 septembre. Vous pouvez rencontrer vos auteurs favoris et leur faire dédicacer un album de votre choix. 15h–18h30. Entrée gratuite à la mairie, rue de la Paix.

Exposition de photos
Membres du club de photographie de St-Michel présentent leurs photos récentes. Tous les jours, 10h–16h. Entrée : gratuite. Bibliothèque, rue des Écoles.

Produits biologiques
Marché de produits biologiques
Tous les samedis matins, 9h–13h30. Légumes, volaille, fromages, plantes et fleurs. Place de l'Église.

Concert de musique
L'orchestre des Jeunes de St-Michel donne un concert de musique, jeudi 2/vendredi 3 septembre. Entrée : 6 € adultes, 4 € enfants. Le concert commence à 19h30. Théâtre Molière, rue de l'Église.

Concours de natation
Pour choisir les représentants au concours inter-régional. Sam 4/dim 5. Deux séances : 10h–midi, 14h00–18h00 Entrée : Adultes 3 €, jeunes 2 € Piscine municipale, rue de la Paix

Réunion publique
Le commissaire de police invite tous les parents d'élèves à une réunion au sujet de la sécurité routière, le jeudi 2 septembre, 19h30. Salle de réunion, Maison des Jeunes et de la Culture, rue de la Paix.

Where would you go …

1 to hear the local youth orchestra play? _____

2 to see an exhibition of local photos? _____

3 to hear a talk on road safety? _____

4 to buy organic food? _____

5 to enter for the local swimming trials? _____

6 to meet your favourite comic author? _____

9.2 Écoutons maintenant !

Listen and complete the street plan below.

Rappel !
Don't forget the prepositions!
à côté de (*beside*) and
entre (*between*).

 la mairie | la bibliothèque | la MJC

Avenue Jean Jaurès

la gare routière | l'hôpital | la poste

Lisons maintenant !

Look at the key to sights and monuments given on this map of Perpignan and complete the grid below.

1. Loge de Mer – Hôtel de Ville – Palais de la Députation
2. Cathédrale Saint-Jean-Baptiste
3. Musée d'histoire naturelle
4. Palais des rois de Mallorca
5. « le centre du monde » – Gare de Perpignan
6. Palais des congrès – Office de Tourisme
7. Archives de la Ville, ancienne université
8. Conservatoire national de musique
9. Musée des monnaies et médailles Joseph Puig
10. Musée catalan des arts et traditions populaires

description	number on key
This is the railway station	
This is where you can get tourist information	
This is where you find the town hall	
This is where you find the school of music	
This is where you find the natural history museum	

Coin grammaire: The imperative (l'impératif)

- When you want to give someone an order, an instruction or advice, you use the **imperative** form of the verb (l'impératif). The Latin name for an emperor was 'imperator' and what he said had to be done! Hence the name of this form.

Exemples :   Range ta chambre !
Sortez vos livres et vos cahiers !
Faites attention !

The imperative with 'tu' and 'vous'

- Find the second person singular (tu form) or the second person plural (vous form) of the verb in le présent.

- Drop the words tu and vous and what you have left is the imperative. It's as easy as that!

- With all -er verbs, you **also** take away the final s from the second person singular.

- This rule applies to irregular verbs too (except avoir and être).

verb group	présent		impératif
-er verbs (including aller)	Tu parles.	→ ~~Tu~~ parle~~s~~	Parle !
	Tu vas à la gare.	→ ~~Tu~~ vas à la gare.	Va à la gare !
	Vous regardez.	→ Vo~~us~~ regardez.	Regardez !

Rappel!
Check back on how to make **le présent** of **-er** verbs, page 64.

verb group	présent		impératif
-ir verbs (including irregular verbs)	Tu finis ton déjeuner.	→ ~~Tu~~ finis ton déjeuner.	Finis ton déjeuner !
	Vous lisez l'exercice.	→ Vo~~us~~ lisez l'exercice.	Lisez l'exercice !

Rappel!
Check back on how to make **le présent** of **-ir** verbs, page 114.

248

verb group	présent		impératif
-re verbs (including irregular verbs)	Tu attends un moment. → T̶u̶ attends un moment.		Attends un moment !
	Vous faites les devoirs. → V̶o̶u̶s̶ faites les devoirs.		Faites les devoirs !

- Don't forget to put an exclamation mark at the end of your sentence when you are using the imperative.

Rappel!
Check back on how to make **le présent** of **-re** verbs, page 169.

The imperative with 'nous'

- There is a third form of l'impératif, the nous form. This is used when you want to translate *let's* do something, e.g. 'Let's go to the cinema', 'Let's play football'. You have seen it in all the instructions used throughout this book: Lisons maintenant ! Parlons maintenant !

- To make this form, you take the nous form of the present tense of the verb and simply drop the nous.

verb group	présent		impératif
-er verbs	Nous parlons. →	N̶o̶us parlons.	Parlons !
-ir verbs	Nous finissons. →	N̶o̶us finissons.	Finissons !
-re verbs	Nous attendons. →	N̶o̶us attendons.	Attendons !
irregular verbs	Nous lisons. →	N̶o̶us lisons.	Lisons !

Verbs which are irregular in the imperative

avoir	Aie !	Ayons !	Ayez !
être	Sois !	Soyons !	Soyez !

Exercice 4

Write l'impératif of the following verbs in the tu, nous and vous forms in your copy.

1 (fermer) ____/____/____ la fenêtre !   2 (prendre) ____/____/____ un chariot !

3 (chercher) ___/___/____ dans le placard ! 4 (aller) ____/___/____ à la caisse !

5 (finir) ____/____/____ l'exercice 3 !   6 (écouter) ____/___/____ le professeur !

Exercice 5

Here are some school rules from the collège in St-Michel-sur-Loire. Write the correct form of the verb in each case. Because the rules concern a lot of people, use the **vous** form of l'impératif.

1   (arriver) _____ à l'heure pour les cours !
2   (marcher) _____ calmement dans les couloirs !
3   (faire) _____ régulièrement les devoirs !
4   (mettre) _____ les portables dans les cartables !
5   (ranger) _____ la salle à la fin des cours !
6   (être) _____ toujours polis !

The negative of the imperative (l'impératif au négatif)

- To make the negative forms of l'impératif, you put **ne** before and **pas** after the verb, as usual.

- Don't forget that **ne** becomes **n'** before a verb beginning with a vowel or silent 'h'.

   Exemples :   **Ne** mange **pas** en classe !
   N'ouvrez **pas** la porte !

Exercice 6

Write the following sentences in the negative in your copy.

1   Utilisez les portables en cours !
2   Faites ça !
3   Laissez les papiers par terre !
4   Parlez en classe !
5   Ouvrez les fenêtres de la salle de classe !
6   Mangez pendant les cours !

Exercice 7

In your copy, draw up a list of rules in French for your own classroom.
Exemple : Faites attention au professeur !

Règlement de la salle de classe
1
2
3
4
5
6

Les directions

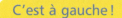

C'est à gauche !

C'est à droite !

C'est à droite ou à gauche ?

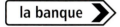 le musée

 la banque

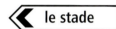 la MJC

 la gare

 le Collège Claude Debussy

 la place de la Mairie

le stade

Exercice 8

Read the signposts above and complete these sentences.

Exemple : Le musée est *à droite.*

1 La banque est _____.
2 La MJC est _____.
3 Le stade est _____.
4 La gare est _____.
5 Le Collège Claude Debussy est _____.
6 La place de la Mairie est _____.

Parlons et écrivons maintenant !

Pick various items or people in your classroom and say whether they are on the right-hand side or the left-hand side. Make at least six sentences. Then write them below.

Exemples :   La porte est à droite.
        Emily est à gauche.

1 _____
2 _____
3 _____
4 _____
5 _____
6 _____

Où se trouve la gare, s'il vous plaît?

▶ Finding your way around a French town can be easy, once you know how to ask the correct questions and you know the main street directions.

Va/Allez à gauche.

Tourne(z) à droite.

Continue(z) tout droit.

Prends/Prenez la première rue à droite.

Prends/Prenez la deuxième rue à gauche.

Rappel!
Don't forget: always use the polite form of the verb (**-ez** ending) when speaking to someone you don't know.

For help with ordinal numbers, see page 132.

9.3 Écoutons et lisons maintenant!

Listen to and read these conversations to find the phrases you need for asking directions.

Conversation 1
Danuta : Excusez-moi, monsieur. Où se trouve l'office de tourisme, s'il vous plaît?
Passant : L'office de tourisme se trouve rue Jean Jaurès. Continuez tout droit.
Danuta : Merci, monsieur.
Passant : Je vous en prie.

Conversation 2
Pedro : Pardon, madame. Où se trouve la piscine, s'il vous plaît?
Passante : La piscine se trouve place du Marché. Prenez la première rue à gauche.
Pedro : La première rue à gauche?
Passante : Oui, c'est ça.
Pedro : Merci. Au revoir.

Conversation 3
Caterina : Excusez-moi, monsieur. Où se trouve le château, s'il vous plaît?
Passant : Le château? C'est place St-Jean. Tournez à droite.
Caterina : Merci beaucoup, monsieur.

▶ As you can see, there are two useful phrases for attracting someone's attention:
Excusez-moi, madame/monsieur/mademoiselle !
Pardon, monsieur/madame/mademoiselle !

▶ If you are speaking to a policeman, you say monsieur/madame l'agent.

Parlons maintenant !

With your partner, practise the following conversations.
Exemple :

 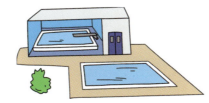 

Touriste : Excusez-moi, monsieur l'agent, où se trouve la piscine, s'il vous plaît ?
Policier : La piscine ? Continuez tout droit.
Touriste : Merci, monsieur.

1   Pardon, madame, où se trouve … ?

2   Excusez-moi, monsieur, où se trouve … ?

3   Pardon, monsieur, où se trouve … ?

4   Pardon, madame, où se trouve … ?

5   Excusez-nous, monsieur l'agent, où se trouve … ?

Civilisation : Les magasins

▶ As in Ireland, there are large stores and shopping centres in French towns and cities. Faire les magasins is a popular pastime at weekends. The smaller towns still have individual shops which continue a family trade handed down from generation to generation. In Unité 8, we saw that most quartiers (local areas) still have shops such as une boulangerie, une boucherie and une épicerie.

▶ A large shop is called un magasin, while a small shop is called une boutique. This applies to all small shops, not just clothes shops as in Ireland.

▶ Here are some of the shops you might find in a small town.

la poissonnerie

la bijouterie

la pharmacie

la librairie-papeterie

la maison de la presse

le coiffeur/la coiffeuse

le bureau de tabac

la confiserie

9.4 Écoutons maintenant !

Allons faire du shopping ! A group of students from St Patrick's Community School are in St-Michel-sur-Loire. Listen and note down what they want to buy and where they are told to go to buy it.

	what they wish to buy	which shop they should go to
1 Daniel		
2 Aoife		
3 Hannah		
4 Ronan		
5 Ruth		

Lisons maintenant !

Vrai ou faux ? Look at the illustration of the town square and decide whether the statements below are vrai (true) or faux (false).

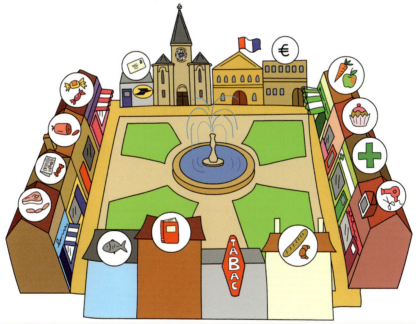

		vrai	faux
1	La banque est à côté de la mairie.		
2	Le bureau de tabac est entre la boulangerie et la poste.		
3	La charcuterie est à côté de la pâtisserie.		
4	Il y a un coiffeur à côté de la pharmacie.		
5	La mairie est à côté de l'église.		
6	Il y a une librairie entre la charcuterie et la boucherie.		

Parlons maintenant!

Using the illustration of the town square on page 255, make up your own vrai/faux questions and take turns with your partner to test each other.

Lisons maintenant!

Read these advertisements for shops in St-Michel-sur-Loire and answer the questions.

Au Petit Marché
10, RUE ST-JULIEN

Produits régionaux

Légumes/fruits biologiques

Ouvert tous les jours : 08h00–17h30

Librairie Mercier
6, place du Marché

Ventes/Achats livres anciens et modernes
Ouvert : mardi–samedi : 09.00 – 17.00

XL-Coiffure
Hommes/Dames

Ouvert
lundi–samedi :
08h30–18h00
(20h00 vendredi)

7. rue de la Gare

Cave St-Michel
10, place du Marché
Cave à vins
Vrac/Bouteilles
Fermée le lundi

Aux Délices de Madeleine
20, rue St-Julien

Macarons notre spécialité

Gâteaux traditionnels

Ouvert lundi–samedi : 08h30–18h00
dimanche : 09h00–12h00

Aux Bons Sauveurs
5, place de l'Église
plats à emporter –
conserves –
charcuterie – salades
Fabrication à l'ancienne

Ouvert tous les jours (dimanche, 10.00–12.30)

LA BOÎTE DE PANDORE
26, place du Château

Cadeaux et souvenirs

Bijoux, poterie, chocolats

Ouvert lundi–samedi, 09.00–17.00

Write down the name of the shop you would go to if you wanted

1 to buy some food for a picnic   _____
2 to buy a bottle of wine for your grandparents   _____
3 to have your hair cut   _____
4 to buy organic food   _____

Coin dictionnaire : Gender of nouns

▶ It is difficult to know whether a French noun is masculine or feminine, unless there is an obvious clue in the meaning of the word, as in l'oncle or la fille. However, the ending of a word can often help you identify its gender. The following endings usually indicate that the noun is feminine:

-elle (bretelle)   -ienne (gardienne)   -ère (rivière)
-ette (baguette)   -euse (chanteuse)   -onne (couronne)

▶ A good dictionary will give extra information about each entry, such as whether or not there is a masculin and a féminin form of the same word. For example, the French word for *butcher* can be either boucher or bouchère, depending on whether the butcher is a man or a woman.

▶ In the case of fleuriste and libraire, you will notice that there is only one word but the dictionary entry tells us that these nouns can be both masculine and feminine: 'nmf'. For a female florist you say la fleuriste and for a male one le fleuriste. For a female bookseller you say la libraire and for a male one le libraire.

boucher *nm (lit, fig)* butcher.
bouchère *nf (woman)* butcher; *(épouse)* butcher's wife.
boucherie *nf (magasin)* butcher's (shop); *(métier)* butchery
   (trade); *(fig)* slaughter.

fleuriste *nmf (personne)* florist; *(boutique)* florist's (shop).
fleuron *nm (couronne)* floweret; *(bâtiment)* finial; *(fig)*
   (collection) jewel.

libraire *nmf* bookseller. ~-éditeur publisher and bookseller.
librairie *nf (magasin)* bookshop. ~ d'art art bookshop;
   ~-papeterie bookseller's and stationer's shop.

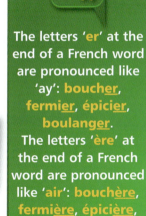

The letters **'er'** at the end of a French word are pronounced like 'ay': **bouch*er*, ferm*i*er, épic*i*er, boulang*er*.**
The letters **'ère'** at the end of a French word are pronounced like 'air': **bouch*ère*, ferm*ière*, épic*ière*, boulang*ère*.**

Coin grammaire : The preposition 'à' (to, at or in)

● You have already learned some phrases where you use this preposition:
   Je vais à Limerick.   J'écris une lettre à Thomas.   Ma maison se trouve à Tuam.

● However, when you want to use this preposition with the definite article 'the' (le, la, l' or les), you will find that there are four different forms:

à + le = au   Nous allons au théâtre.
à + la = à la   Nous achetons des croissants à la boulangerie.
à + l' = à l'   Le bus va à l'hôpital.
à + les = aux   Vous allez aux magasins.

Exercice 9

Fill in the correct form of the preposition à + definite article in the following sentences.

1   Je voudrais aller _____ magasins.
2   Paul attend Suzanne _____ piscine.
3   Nous allons _____ cinéma samedi.
4   Vous allez manger _____ crêperie.
5   Pour acheter des fruits , allez _____ marché.
6   Les filles veulent aller _____ parc.
7   Les touristes mangent _____ restaurants.
8   Tu vas rester _____ hôtel du Port.

Encore des prépositions !

- When you want to say that you are going to a particular shop, you can do so in two ways:

  (a)   You can use the name of the particular shop:
        Je vais à la boucherie.   Je vais à l'épicerie.

  (b)   You can use the preposition chez, which means 'to the shop of':
        Je vais chez le boucher.   Je vais chez l'épicier.

- The following prepositions will help you to give street directions.

La mairie est en face de l'église.

Le supermarché est près du café.

La poste est au coin de la rue.

L'école est au bout de la rue.

La fille se promène le long du parc.

Choose the correct preposition to complete the following sentences.

1  L'église est _____ la banque.
   a le long de …   b à côté de …   c en face de …

2  Le cinéma est _____ la place.
   a au coin de …   b en face de …   c près de …

3  La gare est _____ la rue.
   a près de …   b au bout de …   c en face de …

4  L'agent se promène _____ parc.
   a au coin du …   b le long du …   c en face du …

5  La station-service est _____ la place.
   a le long de …   b au bout de …   c près de …

9.5 Écoutons maintenant !
Dictée ! Listen and write the six sentences you hear in your copy. Then translate them.

Encore des directions !

Pour aller à la piscine ?

As well as using Où se trouve … ?, you can use the phrase Pour aller … ? *(How do I get to …?)*.

Parlons maintenant !

Travaillez à deux ! You are asked to give directions to the following places in town. Look at the plan and take turns with your partner to play the role of the visitor and the local person who gives directions.

Exemple :   – Pour aller au parc, s'il vous plaît ?
              – Allez tout droit, et prenez la deuxième rue à droite.
              C'est à gauche./C'est au bout de la rue.

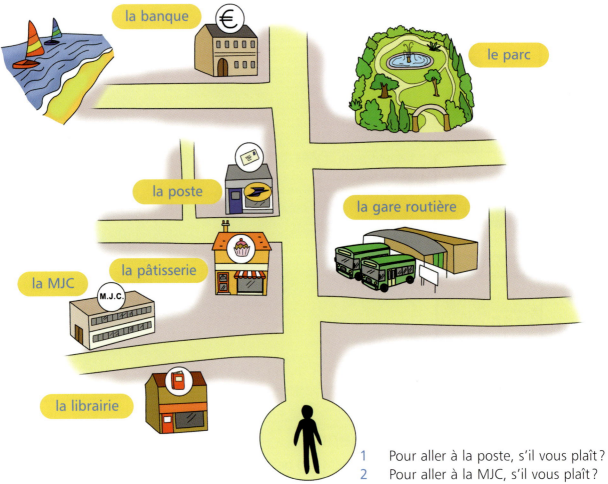

la banque

le parc

la poste

la gare routière

la MJC

la pâtisserie

M.J.C.

la librairie

1   Pour aller à la poste, s'il vous plaît ?
2   Pour aller à la MJC, s'il vous plaît ?
3   Pour aller à la banque, s'il vous plaît ?
4   Pour aller à la librairie, s'il vous plaît ?
5   Pour aller à la pâtisserie, s'il vous plaît ?

Encore des nombres !

9.6 Écoutons maintenant !

Voici les nombres de 80 à 100. Listen and repeat.

quatre-vingts	80 (4 × 20)	quatre-vingt-dix	90 (4 × 20 + 10)
quatre-vingt-un	81	quatre-vingt-onze	91
quatre-vingt-deux	82	quatre-vingt-douze	92
quatre-vingt-trois	83	quatre-vingt-treize	93
quatre-vingt-quatre	84	quatre-vingt-quatorze	94
quatre-vingt-cinq	85	quatre-vingt-quinze	95
quatre-vingt-six	86	quatre-vingt-seize	96
quatre-vingt-sept	87	quatre-vingt-dix-sept	97
quatre-vingt-huit	88	quatre-vingt-dix-huit	98
quatre-vingt-neuf	89	quatre-vingt-dix-neuf	99
		cent	100

Cent (100)

You add an 's' to the word cent to make it plural, provided it is not followed by another number.

Exemples :   Il y a trois-cents maisons dans le lotissement.
               Il y a neuf-cents élèves dans l'école.

Mais !   Il y a quatre-cent-cinquante filles dans le lycée.
               Ça fait huit-cent-douze euros en tout.

Be careful with the word cent. The letters 'en' in a French word are usually pronounced as 'ong': cent, centre, agent, rencontrer, trente.

9.7 Écoutons maintenant !

Cochez la bonne case ! Listen and tick the number you hear of each pair.

quatorze		quatre	
quatre-vingts		quarante	
quatre-vingt-un		quatre-vingt-onze	
quatre-vingt-deux		quatre-vingt-douze	
quatre-vingt-trois		quatre-vingt-treize	
quatre-vingt-quatre		quatre-vingt-quatorze	
quatre-vingt-cinq		quatre-vingt-quinze	
quatre-vingt-six		quatre-vingt-seize	
quatre-vingt-sept		quatre-vingt-dix-sept	
quatre-vingt-huit		quatre-vingt-dix-huit	

Exercice 11

Complete the crossword with the numbers you have
just learned. Leave out the hyphens when doing this exercise.

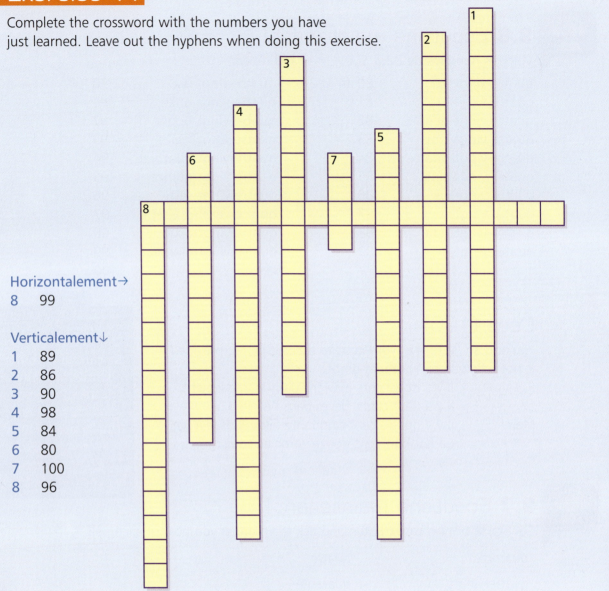

Horizontalement→
8   99

Verticalement↓
1   89
2   86
3   90
4   98
5   84
6   80
7   100
8   96

9.8 Écoutons maintenant!

Les numéros de téléphone Listen and complete the telephone numbers for the
following places:

L'office de tourisme	02. 84. 42. ___ 45
La gare routière	02. ___ 39. ___ 21
La bibliothèque	02. ___ 27. 16. ___
Le cinéma	02. ___ 12. 32. ___
L'hôpital	02. 80. ___ ___ 33
La mairie	02. ___ 82. ___ ___

Civilisation : Les grands magasins

Most French towns have large department stores which sell a variety of clothes and other goods. Monoprix, Galeries Lafayette, Printemps and Promod are well-known French chains. Marks and Spencers, Monsoon, H&M and Zara are all familiar names in France nowadays. French clothes chains include Pimkie, Jennyfer, Jules and Celio. The book, music and electrical chain la FNAC has an outlet in most large French towns. Decathlon is among the most important sports stores in France. The Lacoste label is known world wide for its clothing. Most of these shops have websites you can visit.

Coin grammaire : The verb 'préférer'

- Préférer *(to prefer)* is a useful verb to know when you are going shopping and have to make a choice between what you like and don't like.

- This -er verb is slightly different in le présent: in all parts except the nous and vous forms, there is a minor spelling change. Look out for the accent grave on the second syllable.

- The verb préférer is not usually used in the negative form; it would sound funny to be saying 'I don't prefer!'

9.9 Écoutons et répétons maintenant !

Listen and repeat le présent of the verb préférer.

je	préfère	nous	préférons
tu	préfères	vous	préférez
il	préfère	ils	préfèrent
elle	préfère	elles	préfèrent

Rappel!
Les accents page 20.

Exercice 12

Remplissez la grille avec le verbe préférer.

je		nous	
tu	préfères	vous	préférez
il		ils	
elle		elles	

Exercice 13

Remplissez les blancs avec la forme correcte du verbe préférer.

1 Quand je veux acheter un livre, je _____ aller à la librairie en ville.

2 Audrey adore les bonbons, elle _____ la confiserie au coin de la rue.

3 Papa _____ visiter les musées en vacances car il n'aime pas le shopping !

4 Tu _____ la boulangerie près de chez moi ou au centre commercial ?

5 Daniel _____ faire du shopping à Monoprix.

6 Mélanie et ses amis _____ aller à la piscine le samedi matin.

9.10 Écoutons maintenant !

Cochez la bonne case ! Listen to three people describing the town where they live and tick the places each one mentions.

	Jean-Pierre – St-Senoux	Lucie – Montpellier	Pascale – St-Michel-sur-Loire
bakery			
bank			
butcher's			
castle			
chemist's			
church			
hairdresser's			
library			
museum			
railway station			
restaurant			
youth centre			
swimming pool			

Civilisation : Bienvenue à Paris, la capitale de la France !

▶ Paris, the capital of France, is a world centre for fashion design. Many of the famous fashion houses (les maisons de couture) are located in Paris, founded by such designers of fashion as Yves Saint Laurent, Christian Dior, Pierre Cardin, Givenchy, Jean-Paul Gaultier and Chanel. These designers each have their own boutiques. Besides the important stores like Printemps and Galeries Lafayette, there are many chic clothes shops, particularly around Boulevard Haussman.

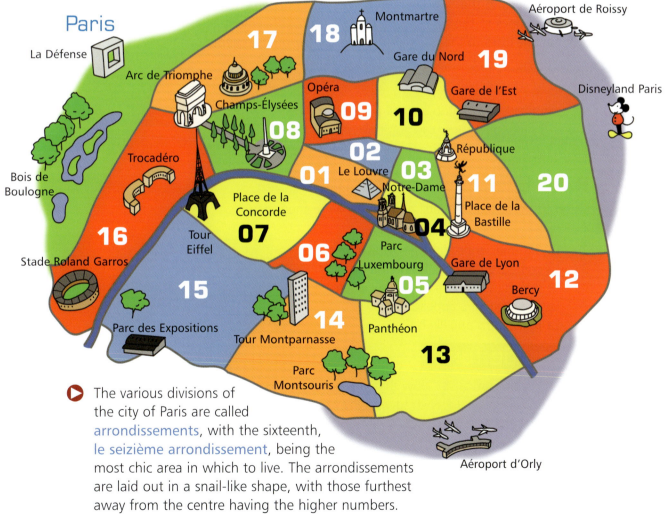

▶ The various divisions of the city of Paris are called arrondissements, with the sixteenth, le seizième arrondissement, being the most chic area in which to live. The arrondissements are laid out in a snail-like shape, with those furthest away from the centre having the higher numbers.

▶ Suburban areas of Paris and other large French towns are called les banlieues.

9.11 Écoutons maintenant!

Six young people are visiting Paris.

(a) Listen and decide who wants to visit which sight.

1	le Louvre	_____
2	la tour Eiffel	_____
3	la place de la Bastille	_____
4	la tour Montparnasse	_____
5	le stade Roland Garros	_____
6	la cathédrale de Notre-Dame	_____

Thomas
Manon
Nicolas
Leila
Malik
Camille

(b) Write in the number of the arrondissement they go to.

Thomas goes to the _____ arrondissement.
Manon goes to the _____ arrondissement.
Nicolas goes to the _____ arrondissement.
Leila goes to the _____ arrondissement.
Malik goes to the _____ arrondissement.
Camille goes to the _____ arrondissement.

Exercice 14

Petit dossier! You can do a small project on a district of Paris or any French town of your choice – perhaps somewhere you have already visited.

9.12 Écoutons maintenant!

Listen to these shopkeepers' names and write them down.

1 Le boulanger s'appelle Monsieur _____.
2 La pharmacienne s'appelle Madame _____.
3 La coiffeuse s'appelle Marianne _____.
4 Le marchand de vins s'appelle Lucien _____.
5 Le restaurateur s'appelle Pierre _____.
6 La pâtissière s'appelle Isabelle _____.

Un peu de fun!

Créons une ville française! Now that you have learned the names of the various buildings and shops in a French town, why not create one to put around the walls of your classroom?

– Use A3 sheets of paper.
– Each student or pair of students can choose a particular shop or building.
– Draw and colour your shop/building.
– Remember to write the name at the top.
– When all the pictures are complete, hang them up around your classroom wall.
– Don't forget to give your town a French name!

Écrivons maintenant !

Courriel symbole ! Jonathan is staying on an exchange visit with his correspondant in St-Michel. He writes an email to his French class in Ireland, telling them about the town. Replace the symbols in his email with the French words.

À : stpatricksclonardin@eircom.net

Objet : Séjour à St-Michel-sur-Loire

Chers amis,

Ça va ? Je suis ici à St-Michel-sur-Loire. Je suis chez la famille Bernard. Ils habitent

près de la _____. C'est pratique ! Monsieur Bernard travaille

à la _____.

Il y a une _____ pour emprunter des livres et une

_____ tout près. Nous allons à la _____

tous les jours pour acheter du pain. Le pain français est délicieux !

Nous allons au _____ ce soir et nous espérons aller à la

_____ demain. Le week-end, il y a un grand _____.

Je vais au _____ samedi, prendre des photos.

Qu'est-ce que vous faites en ce moment ? Vous avez des examens ? Vous allez au

_____ le week-end ? Il me tarde de vous voir le 16

_____.

Dites « bonjour » à tout le monde de ma part.

Amitiés,

Jonathan

Écrivons maintenant!

Imagine you are Adam/Anna and you are visiting St-Michel-sur-Loire. Write a postcard to your French teacher, Mr Burke, and say:

– The weather is fine and you are enjoying yourself.
– The town is nice and has a youth club, a swimming pool and a cinema.
– You are visiting the market today.
– You are going to see the castle tomorrow.

Cherchez l'intrus!

Circle the odd item in the following lists.

1	la poste	la banque	la gare	la poissonnerie
2	le collège	le lycée	le parc	l'école primaire
3	la bijouterie	la boulangerie	la boucherie	l'épicerie
4	la librairie	la bibliothèque	la papeterie	la place
5	la confiserie	la pâtisserie	la pharmacie	la boulangerie
6	la charcuterie	la gare routière	l'hôpital	la gare

Mots clés

la banlieue (f.)	le coin (m.)	la place (m.)
la boutique (f.)	le magasin (m.)	le plan (m.)
la brochure (f.)	le musée (m.)	la rue (f.)
le centre (m.)	le parc (m.)	le souvenir (m.)

Communication en classe

▶ Allez au bureau du directeur tout de suite!
▶ Mettez vos cahiers dans le placard, en face du bureau!
▶ Restez ici un moment!
▶ Nous allons à la bibliothèque demain.
▶ Prenez vos stylos pour écrire une dictée!
▶ Nous prenons le car pour aller au musée.
▶ Préparez votre dossier pour lundi!
▶ Ouvrez vos livres à la page quatre-vingt-six!

Épreuve
Question 1

Can you find the names of ten shops in the **mots cachés**?

b	f	e	z	b	t	c	é	j	c	c	é	p	e	g
é	i	n	i	q	w	p	x	o	a	h	i	â	i	m
n	j	j	g	r	i	b	n	k	c	i	c	t	r	x
u	j	d	o	c	e	f	t	r	y	a	a	i	e	a
r	m	t	e	u	i	n	a	y	w	i	m	s	g	é
c	l	r	t	s	t	m	n	t	e	c	r	s	n	d
q	i	r	e	h	r	e	w	o	y	l	a	e	a	f
e	g	r	q	e	â	l	r	t	s	t	h	r	l	l
c	i	b	p	r	z	g	c	i	g	s	p	i	u	e
e	m	u	m	b	o	u	c	h	e	r	i	e	o	u
q	s	e	i	r	i	a	r	b	i	l	c	o	b	r
c	h	a	r	c	u	t	e	r	i	e	v	d	p	i
t	u	t	n	o	u	p	t	r	f	l	c	o	i	s
d	b	o	x	z	g	y	z	f	g	d	b	c	p	t
l	é	z	l	s	n	z	w	n	c	l	â	m	x	e

bijouterie   épicerie
boucherie   fleuriste
boulangerie   librairie
charcuterie   pâtisserie
confiserie   poissonnerie

Question 2

Match the picture to the correct word.

1	la mairie	A		
2		B	la piscine	
3	le coiffeur	C		
4		D	la gare routière	
5	le musée	E		
6		F	l'église	
7	la station-service	G		
8		H	la pharmacie	
9	la gare	I		
10		J	le tabac	

1	
2	
3	
4	
5	
6	
7	
8	
9	
10	

Question 3

Listen to the tourists. Where do they want to go and what directions are they given?

	Where to?	What directions?
1		
2		
3		

Question 4

Fill in the blanks with the imperative of the verbs in brackets, using the tu or vous form as needed.

1 (tourner) _____ à droite, madame !
2 (continuer) _____ tout droit, jeune homme !
3 (aller) _____ au bout de la rue, mes enfants !
4 (fermer) _____ la porte, Manon, s'il te plaît !
5 (donner) _____-moi quatre-vingts centimes, Alain !
6 (boire) _____ de l'eau avec le déjeuner, Jean et Anne !
7 (prendre) _____ la rue à droite, mesdames !
8 N' (attendre) _____ pas à la confiserie, Sophie !
9 (finir) _____ les courses au marché avant 12h, Maman !
10 (acheter) _____ un gâteau à la pâtisserie, mes enfants !

For help with this exercise, see page 248.

Question 5

Use the correct form of the preposition à + definite article to complete these sentences.

1 Je vais _____ collège dans la ville.
2 Nous allons _____ boulangerie pour acheter du pain.
3 Eric attend Chloé _____ hôtel.
4 Manon voudrait aller _____ gare.
5 Tu vas _____ magasins samedi ?
6 Julie et Paul vendent des magazines _____ tabac.
7 Nous cherchons le roman _____ librairie.
8 La station-service se trouve _____ bout de la rue.

For help with this exercise, see page 257.

Question 6

Listen and fill in the missing numbers in these sentences in words.

1 Mon grand-père a _____ ans.
2 J'habite au numéro _____ rue des Rosiers.
3 Il y a _____ membres dans le club de tennis.
4 Nous avons _____ professeurs dans notre collège.
5 Les deux billets pour le concert coûtent _____ euros.
6 L'exercice est à la page _____ .
7 En sixième, il y a _____ élèves.
8 Le repas pour mon anniversaire coûte _____ euros pour six personnes.

For help with this exercise, see page 261.

Question 7

Rewrite these sentences in your copy, using the correct form of the verb préférer.

1 Maman (préférer) la boulangerie au bout de la rue.
2 Je (préférer) le supermarché au centre-ville.
3 Marc (préférer) la confiserie près de l'école primaire.
4 Nous (préférer) la pâtisserie en face de la poste.
5 Ils (préférer) le cinéma dans la rue St-Martin.
6 Vous (préférer) le collège Jean Jaurès en ville ?

> For help with this exercise, see page 263.

Question 8

Read the information sheet and answer the questions which follow.

Place du Musée

Le musée est ouvert du mardi au dimanche, de 10h00 à 17h00. Le jeudi jusqu'à 20h30.

La banque est ouverte du lundi au vendredi, de 09h00 à 12h00 et de 14h00 à 17h00.

Le syndicat d'initiative est ouvert tous les jours juin–septembre et du lundi au samedi octobre–mai.

La poste est ouverte du lundi au vendredi, de 08h30 à 17h30 (09h00 à 16h30 le samedi).

Le château est ouvert du mardi au samedi, de 10h00 à 16h00 (12h00 à 16h00 le dimanche).

La pharmacie est ouverte du lundi au samedi, de 08h30 à 18h00 (10h00 à 12h00 le dimanche).

1 Which public building is open every day during the summer?
2 Which public building is open late one evening a week?
3 Which shop opens on Sunday mornings?
4 Which business is closed at lunchtime?
5 Which business closes at 4:30 p.m. on Saturday afternoons?

Question 9

Listen to these young people talking about their town. What do they like and what new facility would they like to see there?

		likes	one new facility
1	Nadia		
2	Charlotte		
3	Théo		
4	Jean		
5	Alice		
6	Léon		

Question 10

(a) **Ma ville !** Here is a list of the buildings you might find in a typical town. Think about your own town/village and tick ✓ the buildings you can find there.

Les bâtiments dans ma ville/mon village			
une église		une gare	
une école primaire		un supermarché	
un collège		une banque	
une bibliothèque		une pharmacie	
un château		une boulangerie	
une poste		un cinéma	

(b) Now write five sentences about your town or village in your copy.

    1   J'habite à …, une grande/petite ville (un grand/petit village) en Irlande.
    2   Dans ma ville (mon village), il y a …
    3   Nous avons …
    4   Au centre, il y a …
    5   Il n'y a pas de …

Question 11

You are on holiday in Ste-Marie-de-la-Mer, a small town in the south of France, with your friend and her family. Write a postcard to your French-speaking cousin, Mathilde, and say

– who you are with and where you are staying
– you are having a good time
– there is a stadium and a swimming pool and an old (vieille) church in the town
– you are going to visit the castle at Perpignan at the weekend.

Visit
www.edco.ie/bontravail1
for interactive revision exercises

Unité 10
À vos marques !

Civilisation : Les sports en France

▶ As in most countries, sport plays a large role in the daily life of young people in France. L'éducation physique et sportive is on the curriculum in the écoles primaires and there are three hours on the timetable at collège level. Team sports are generally played at local clubs or at the salle omnisports *(local sports hall)*. While the most popular sports in France are le foot *(soccer)*, le tennis and le cyclisme *(cycling)*, there is great interest and participation in a wide number of other sports, such as le rugby, le basket, le volley and le handball. Martial arts – le judo, le karaté – are also hugely popular.

▶ One of the most famous sporting events in France each year is the Tour de France. This is a three-week cycling test of endurance and skill, covering all types of terrain in France and sometimes beyond. In 1998 the race started in Ireland. Irishman Stephen Roche won the race in 1996 and his son, Nicolas, is following in his father's footsteps. The Tour traditionally ends on the Champs-Élysées in Paris. Why not log on (www.letour.fr) and follow the Tour around France this year?

▶ Many of the best-known French soccer stars play with English and other continental clubs. You could make a list of all those who feature in the English Premiership. Le Stade de France now provides a venue for international and national games in football and rugby. You can take a virtual tour on www.stadefrance.com. In 1998 France hosted the World Cup. The mascot – a soccer-playing rooster – was called Footix. Try to find a picture of him.

▶ Le Stade Roland Garros is home to French tennis. The French Open is one of the four Grand Slam events in the tennis calendar. It is thought that the word 'tennis' comes from the French verb tenir *(to hold)* and that the scoring system using 'love' (l'œuf) and 'deuce' (jeu à deux) is of French origin.

▶ The French have their own form of bowling, which is called la pétanque or les boules (the rules for the two games are slightly different). On summer evenings in parks or village squares it is common to see groups playing on the flat, sanded area set aside for the purpose, sometimes called le boulodrome.

Coin grammaire : Team sports – 'jouer à'

● When you want to say that you play a particular sport, you usually use jouer à for team sports – les sports d'équipe.

● Jouer is a regular -er verb, and in this case it is used with the preposition à.

● Voici le verbe jouer *(to play)* au présent :

je	joue	nous	jouons
tu	joues	vous	jouez
il	joue	ils	jouent
elle	joue	elles	jouent

Attention!

❶ If the noun which follows jouer is masculine (most team sports), à changes to au:
Exemple :   Je joue au rugby.

❷ If the noun which follows is feminine, à changes to à la:
Exemple :   Il joue à la pétanque.

❸ If the noun which follows is plural, à changes to aux:
Exemple :   Ils jouent aux boules.

'Jouer' in the negative

● To make jouer negative, you use ne before the verb and pas after it, as usual.
Exemples :   Je ne joue pas au foot mercredi.
　　　　　　 Nous ne jouons pas au tennis quand il pleut.
　　　　　　 Il ne joue pas au foot le dimanche.

Exercice 1

Choose the correct form of the verb jouer to complete these sentences.

1　Je (joue / jouer / joues) _____ au volley avec l'équipe de ma ville.
2　Vous (joues / joue / jouez) _____ au basket ce soir ?
3　Ma sœur (joue / joues / jouer) _____ au tennis dans le tournoi.
4　Mes parents (jouons / jouent / jouez) _____ aux boules en vacances.
5　Tu (joues / joue / jouez) _____ au foot le week-end ?
6　Mes amis et moi (joue / jouons / jouent) _____ au badminton le mercredi.

Team sports (les sports d'équipe)

Here are some of the most popular team sports in France.

le badminton

le basket

les boules/
la pétanque

le football

le hockey
sur glace

le rugby

le handball

le ping-pong

le tennis

le volley

The sports we play in Ireland are translated as **le camogie, le hurling, le foot gaélique**.

Un petit quiz

C'est quel sport ?

1   C'est un sport d'équipe. Chaque équipe a quinze joueurs, qui jouent avec un ballon oval. Les joueurs veulent marquer un essai.

2   C'est un jeu pour deux ou quatre joueurs. Il y a une table, un filet et une petite balle blanche.

3   C'est un jeu pour deux ou quatre joueurs, qui utilisent des raquettes et un volant.

4   C'est un sport d'équipe, avec onze joueurs dans chaque équipe. Ils jouent avec un ballon rond. L'objet de ce jeu est de marquer un but.

5   C'est un sport d'équipe, avec six joueurs dans chaque équipe. Ils jouent avec des crosses et un palet. Ce sport est originaire du Canada.

6   C'est un sport d'équipe, avec sept joueurs dans chaque équipe. Ils jouent avec un ballon sur un terrain rectangulaire. La France est championne olympique, mondiale et européenne dans ce sport.

10.1 Écoutons maintenant !

Listen to these six people each talking about a sport. Who plays which sport and on what day do they train or play? Fill in the grid.

| Thomas | Leila | Nicolas | Camille | Malik | Manon |

Name	Thomas	Leila	Nicolas	Camille	Malik	Manon
Sport						
Day of the week						

Exercice 2

Based on what you have heard, complete the following sentences.

Thomas joue ____ _____ le _____.

Leila joue ____ _____ le _____.

Nicolas joue ____ _____ le _____.

Camille joue ____ _____ le _____.

Malik joue ____ _____ le _____.

Manon joue ____ _____ le _____.

Facilities for playing sport are very good in France, and most towns and even villages have a **salle omnisports** or **stade municipal**.

Lisons maintenant !

Read these notices from the noticeboard in the club omnisports at St-Michel and complete the sentences.

Club Omnisports

Attention ! Il y aura entraînement de badminton (moins de 12 ans) jeudi à 18h00.

Rugby
Billets pour le match international France–Angleterre, février prochain
Prix : 55 € (car exclu).

Match de basket
Équipe A, filles, samedi.
Départ du car : 09h00.

Camogie
Démonstration de ce sport par une équipe d'élèves irlandais.
Venez voir ce sport énergique et rapide!
Dimanche 15h00

Date: No:
Concours de ping-pong
Pour tous âges, garçons/filles.
Week-end 17/18.
Prix d'entrée 2 € par personne.

Foot en Salle
L'entraînement commence samedi 10 pour les garçons (moins de 13 ans).

1 Badminton training for the _____ takes place on Thursday.
2 The exhibition of camogie will be given by _____.
3 It costs _____ to enter the table-tennis tournament.
4 Indoor soccer training for boys is on _____.
5 The bus for the girls' _____ team leaves at 9 a.m. on Saturday.
6 Tickets will be available for the France v _____ rugby match.

Coin grammaire : Individual sports – 'faire de'

Rappel!
Révisez le verbe **faire** à la page 147.

- When talking about individual activities and sports you use the verb faire.
- It is an irregular verb, and in this case it is used with the preposition de.

Attention!

❶ If the noun which follows is masculine (as many sports are), de changes to du:
Exemple : Je fais du cyclisme.

❷ If the noun which follows is feminine, de changes to de la:
Exemple : Je fais de la gymnastique.

❸ If the noun which follows begins with a vowel, de changes to de l':
Exemple : Je fais de l'athlétisme.

Individual sports (les sports individuels)

l'athlétisme

le cyclisme

l'équitation

l'escrime

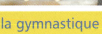
la gymnastique

la natation

le roller

le VTT – vélo tout terrain

Exercice 3

Use the correct form of the verb faire to complete these sentences.

1 Je _____ de l'équitation à la campagne.
2 Elles _____ du roller dans le parc.
3 Vous _____ de la gymnastique dans un club.
4 Tu _____ du VTT avec tes amis.
5 Nous _____ de l'athlétisme au stade municipal.

'Faire de' in the negative

- To make faire de negative, put ne before the verb and pas after it, as usual.
- The du, de la, de l' and des become de or d'.

  Exemples : Je ne fais pas de judo.

  Vous ne faites pas de natation.

  Ils ne font pas d'escrime.

Be careful when pronouncing French words which end in or contain '**tion**'! They have a different sound from English. The **-tion** should sound like 'see-ong': nata<u>tion</u>, équita<u>tion</u>, na<u>tion</u>, na<u>tion</u>al, conversa<u>tion</u>, réac<u>tion</u>.

Exercice 4

Use the correct form of faire de to complete these sentences.

1   Mon frère ne _____ pas _____ judo.
2   Nous ne _____ pas _____ roller.
3   Elle ne _____ pas _____ athlétisme.
4   Luc et Mathéo ne _____ pas _____ natation.
5   Mon père ne _____ pas _____ vélo quand il pleut.

10.2 Écoutons maintenant !

Ils font quels sports ? Listen to six people being interviewed in the street about their favourite sport. Write the number of the interview under the sport they mention.

a le golf   b le karaté   c le judo   d le tir à l'arc   e le skate   f la boxe

☐   ☐   ☐   ☐   ☐   ☐

Exercice 5

Jouer à ou faire de ? Complete the following sentences using the appropriate verb and preposition.

1   Je _____ _____ badminton avec mes amis.
2   Annick _____ _____ la gymnastique le week-end.
3   Nous _____ _____ ping-pong à l'école.
4   Sébastien _____ _____ l'escrime au club des jeunes.
5   Mes cousins irlandais _____ _____ foot gaélique.
6   Tu _____ _____ l'équitation ?
7   Je _____ _____ basket avec l'équipe de l'école.
8   Vous _____ _____ karaté ?
9   Je _____ _____ golf avec ma mère.
10 Nous _____ _____ judo dans la salle omnisports.

10.3 Écoutons maintenant!

Listen to six people talking about sports they like and those they don't like. Fill in the grid.

	likes	dislikes
1		
2		
3		
4		
5		
6		

Lisons maintenant!

Read Vincent's email and match up the beginning and ending of each sentence below.

Objet: Une semaine sportive

Salut Daniel!

Ça va? Je fais un stage cette semaine à la salle omnisports. J'y vais du lundi au vendredi. Le samedi, je fais de la natation avec mes amis.

Le stage est super! Nous faisons un sport différent tous les jours: lundi, c'est le judo; mardi, le foot en salle; mercredi, le tir à l'arc; jeudi, le ping-pong; et vendredi, l'escrime.

À part le stage, je joue dans une équipe de basket. Nous nous entraînons le mardi et le vendredi. Je joue dans l'équipe des moins de 14 ans. Nous allons à la finale régionale le mois prochain.

Et toi? Tu joues encore au hurling et au foot gaélique? Merci pour le DVD de ces sports. Est-ce que le hurling est dangereux? Je remarque que tu portes toujours un casque. J'espère voir un match de hurling quand je viens en Irlande cet été.

Dis bonjour à ta famille!

À bientôt – je vais à l'entraînement!
Vincent

1	Vincent fait un stage	a	vendredi.
2	Il fait de la natation	b	la finale régionale.
3	Ils font de l'escrime	c	un match de hurling.
4	Vincent joue dans	d	à la salle omnisports.
5	Ils vont à	e	une équipe de basket.
6	Il espère voir	f	avec ses amis.

Les saisons

▶ The four seasons are:

| le printemps | l'été | l'automne | l'hiver |

▶ When you want to say *in spring/summer/autumn/winter*, you say:

au printemps   **en** été   **en** automne   **en** hiver

Exemples :   **Au** printemps, je fais de l'athlétisme.
En été, je fais du ski nautique.
En automne, je joue au rugby.
En hiver, je fais du patin à glace.

10.4 Écoutons maintenant !

Des sports saisonniers. À quelle saison est-ce qu'ils pratiquent ces sports ?
Listen and write down the season in which the people say they do these sports.

1   le patin à glace

2   la planche à voile

3   le canoë-kayak

_____

4   le ski nautique

5   le ski

6   le surf

_____

7   la plongée sous-marine

8   la voile

9   la luge

_____

Exercice 6

Faites des paires ! Match up each sport with its French name:
write the name under the correct picture.

1 _____

2 _____

3 _____

4 _____

5 _____

6 _____

7 _____

8 _____

la planche à voile
le ski
le patin à glace
la voile
la plongée sous-marine
le canoë-kayak
la luge
le surf

Exercice 7

Interviews au centre sportif – faites des paires ! Who made which comment?
Follow the strings and then write out the sentences in your copy.

| Marc | Sophie | Simone | Patrick | Léon | Nathalie |

La natation, c'est très énergique.

Le hurling, c'est un sport passionnant.

Le rugby, c'est très compétitif.

Le skate, c'est un sport rapide.

L'athlétisme, c'est une activité fatigante.

L'équitation, c'est formidable.

Lisons et parlons maintenant !

Read the following conversation between Luc and his Irish friend Ciara. Then, using this as an example, have a conversation with your partner. The key phrases are in blue type.

Luc : **Tu es sportive**, n'est-ce pas, Ciara ? **Tu pratiques quels sports ?**

Ciara : Oui, j'adore le sport. **Je suis une vraie fan** de camogie.

Luc : **C'est un sport** énergique ?

Ciara : Oh oui ! C'est un sport rapide. Et toi ? **Tu fais du sport ?**

Luc : Oui. **Je préfère** le basket. C'est un sport compétitif.

Ciara : **Il y a un sport que tu n'aimes pas ?**

Luc : Oui, la gymnastique. **C'est trop** fatigant. Tu aimes tous les sports ?

Ciara : **Je n'aime pas** la boxe. C'est trop agressif !

Et maintenant à toi !

Lisons maintenant !

Read the advertisement and answer the questions which follow.

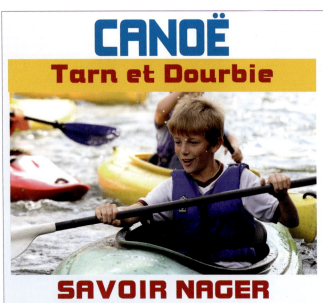

1 You can hire these canoes   a weekly   b daily   c monthly

2 Where do they suggest you have your picnic?

3 **Savoir nager** means: a you can learn to swim

                       b you don't need to know how to swim

                       c you must be able to swim.

4 During what hours do the excursions take place?

5 These excursions are suitable for children from what age?

10.5 Écoutons maintenant !

Quels sports ? Quels rendez-vous ? Listen to five conversations and fill in the grid.

	sport	meeting place	time
1			
2			
3			
4			
5			

Civilisation : Les Jeux olympiques

▶ In ancient Greece, athletes competed in the Olympic Games to win a crown of olive leaves. In 1896 Baron Pierre de Coubertin, a Frenchman, felt that the time was right to resurrect this idea. He realised that sport was important in many ways – it helped form a person's character and he hoped that bringing athletes together from many countries would contribute towards peace. The first committee, the Olympic Council, decided that it would be fitting to hold the event in Greece, the birthplace of the Olympic ideal.

▶ France hosted the Games in 1900 and in 1924. The Winter Olympics were introduced in 1924 and France hosted this first event in Chamonix. They were again held in France in 1968 (Grenoble) and 1992 (Albertville). Annecy in the French Alps has been chosen to hold the Winter Olympics in 2018.

▶ France has competed in every Olympic Games. Following the 2008 Olympics, France lies in 5th place among the all-time medal holders. French competitors have won the most medals in fencing and cycling.

▶ Since the Paralympics was founded in 1960, France has been represented with great success. And, of course, a French team also takes part in the Special Olympics.

Lisons maintenant!

Read the article and answer the questions which follow.

PIERRE DE COUBERTIN – FONDATEUR DES JEUX OLYMPIQUES MODERNES

Pierre de Coubertin est né le premier janvier 1863 à Paris. Sa famille est aristocrate et riche. Il est Baron de Coubertin. Il fait de l'équitation, de la boxe, de l'escrime et de l'aviron. Le sport est sa passion. Il a l'idée de recréer les Jeux olympiques. En 1896 à Athènes les Jeux olympiques modernes ont lieu pour la première fois. 241 athlètes participent dans neuf sports : l'athlétisme, le cyclisme, l'escrime, la gymnastique, l'haltérophilie, la lutte, la natation, le tennis et le tir.

Le Baron de Coubertin est nommé pour le prix Nobel de la paix en 1936 mais il ne gagne pas. Il meurt en 1937, à l'âge de soixante-quatorze ans, à Lausanne en Suisse.

1   On what date was de Coubertin born?
2   Give one detail about his family.
3   Name **two** sports he practised.
4   What took place in 1896?
5   How many sports were included in the first modern Olympics?
6   What happened in 1936?
7   What age was he when he died?

Les équipements de sport

Exercice 8

By following the strings, match up each item of sports gear with the sport in which it is used. Then use these words to complete the sentences on the next page.

le maillot de bain | le gilet de sauvetage | l'épée | le casque | les chaussures à pointes | la crosse | le protège-dents

le cyclisme   le hurling   la natation   le rugby   la voile   l'escrime   l'athlétisme

1 Quand Cian joue au hurling, il a besoin d'une _____.
2 Quand Sylvie fait de l'escrime, elle utilise une _____.
3 Alain porte toujours un _____ quand il fait du cyclisme.
4 Un joueur de rugby doit avoir un _____.
5 L'athlète porte des _____ quand il court.
6 Quand Kévin fait de la voile, il doit toujours avoir un _____.
7 Mélodie porte un _____ rose quand elle fait de la natation.

Lisons maintenant !

Read this sports equipment brochure and answer the questions which follow.

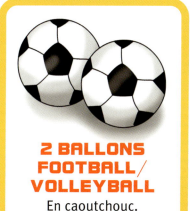

2 BALLONS FOOTBALL/ VOLLEYBALL
En caoutchouc.
LE LOT: 5,50 €

2 RAQUETTES DE PLAGE AVEC BALLE
En bois et PVC.
L'ENSEMBLE: 1,75 €

ENSEMBLE BADMINTON
Comprend : 4 raquettes, 2 volants, 6 poteaux et 1 filet.
L'ENSEMBLE: 8,50 €

8 BOULES DE PÉTANQUE

En acier.
Comprend : 8 boules, 1 but, 1 mesureur et 1 chiffon.
L'ENSEMBLE: 10,50 €

ENSEMBLE TENNIS POUR ENFANT

En aluminium et PVC.
Comprend : 2 raquettes et 2 balles.
L'ENSEMBLE: 9,75 €

1 Name two items included in the badminton set.
2 How much does the pétanque set cost?
3 Who is the tennis set for?
4 Where would you use the set which costs €1.75?
5 Name the two sports the balls are used for.

10.6 Écoutons maintenant!

À qui sont ces sacs de sport? Listen to these five people saying what is in their sports bag and write the name of the owner under each bag.

Mathieu
Paul
Hélène
Noémie
Lionel

a _____ b _____ c _____ d _____ e _____

Civilisation: Le rugby

▶ Rugby (le rugby) was introduced into France in the 1870s by English merchants. France took part in the first Tournoi des Cinq Nations in 1910, along with l'Irlande, l'Angleterre, l'Écosse and le Pays de Galles. In more recent years this tournament has been extended to include l'Italie and is now le Tournoi des Six Nations. France has qualified for every Rugby World Cup and hosted the event in 2007.

▶ French club teams also play a leading role in the Heineken European Cup matches (www.ercrugby.com).

▶ Traditionally the French team wears blue shorts, white shirts and red socks, like the French flag, so that they are sometimes called les tricolores (or les bleus – *the blues*).

France and England are old rivals on the rugby field. The international match between these two teams is often called le crunch!

10.7 Écoutons maintenant!

Listen to the results of these rugby matches and fill in the figures of the final scores.

1   Toulouse _____   Biarritz _____
2   Stade Français _____   Agen _____
3   Castres _____   Toulon _____
4   Clermont Auvergne _____   Perpignan _____
5   Brive _____   Montpellier _____

Coin grammaire : The verb 'prendre'

- Prendre is another irregular verb. It usually means *to take*, but when a French-speaking person asks you what you will have to eat or to drink he or she will probably say Qu'est-ce que tu prends ?

- Prendre is also used to give directions – see Unité 9, page 252.

10.8 Écoutons maintenant !

Écoutez le verbe prendre au présent.

je	prends	nous	prenons
tu	prends	vous	prenez
il	prend	ils	prennent
elle	prend	elles	prennent

Rappel !
Le négatif 'ne … pas' :
Je **ne** prends **pas** de sucre.
Nous **ne** prenons **pas** le train.

Exercice 9

Remplissez la grille avec le verbe prendre.

je		nous	
tu	prends	vous	prenez
il		ils	
elle	prend	elles	

Exercice 10

(a) Write some sentences in your copy using prendre: take one word from each of the footballs.

Exemple : Je prends la raquette.

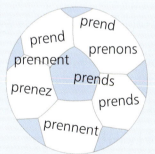

(b) Now make the sentences you wrote negative.

Exemple : Je ne prends pas la raquette.

Civilisation : Le football

▶ Without doubt, soccer (le foot) is France's most popular sport. Monaco, Paris St-Germain, Lyon and Marseille are popular football clubs (www.fff.fr).

▶ French footballers have made their name in many European countries. France hosted and won the World Cup in 1998: the Stade de France in Paris was built for this tournament. Les bleus, the national team, also won the European Cup in 1984 and 2000 (www.fff.fr/bleus/index.shtml) and reached the final of the 2006 World Cup.

Lisons maintenant !

Read the article and answer the questions which follow.

Le Stade de France est le plus grand stade français avec environ quatre-vingt-mille places. Il se trouve à Saint-Denis, au nord de Paris. La France a voulu un stade pour la Coupe du Monde de football de 1998 et aussi pour d'autres événements sportifs comme le rugby, l'athlétisme et les courses automobiles. La construction du stade a commencé en mai 1995 et Jacques Chirac, le président à cette époque, a ouvert le stade le vingt-huit janvier 1998.

Zinédine Zidane est le premier joueur de football à avoir marqué un but dans le stade, contre l'Espagne, et Philippe Bernat-Salles est le premier joueur de rugby à avoir marqué un essai, contre l'Angleterre.

Il y a des concerts et autres événements là, par exemple de grands spectacles de musique. Il y a des tours du stade où on voit les vestiaires, la tribune officielle, le terrain et le restaurant pour les joueurs.

1 How many people does the stadium hold?
2 Where exactly is the Stade de France?
3 Besides rugby and soccer, what other sporting events was it built for?
4 When was it opened?
5 Who was the first footballer to score a goal there?
6 Name one place you visit on the tour of the stadium.

10.9 Écoutons maintenant !

Listen and write down the names of the French soccer clubs from Ligues 1 and 2.

1 _____ 2 _____ 3 _____

4 _____ 5 _____ 6 _____

Un peu de fun !

Here is a game you can play with your partner to help you to learn the names for sports.

1 Prends la cinquième lettre du mot 'basket'.
2 Prends la première lettre du mot 'skate'.
3 Prends la troisième lettre du mot 'hockey'.
4 Prends la quatrième lettre du mot 'sport'.
5 Prends la septième lettre du mot 'athlétisme'.
6 Prends la quatrième lettre du mot 'badminton'.
7 Prends la deuxième lettre du mot 'tennis'.
8 C'est quel sport ?

Civilisation : L'équitation

▶ Horse-riding is a popular pastime in France. Young people go to a riding stable (le centre équestre) to learn riding skills in the ring (le manège) and to find out how to take care of their ponies and horses.

▶ Several French towns have un hippodrome, where people go to watch horse races. The most famous horse race in France is le Prix de l'Arc de Triomphe, held every year in the autumn at the Longchamps racecourse near Paris.

10.10 Écoutons maintenant !

Listen to Méline talking about her horse and fill in the grid below.

Age	
Where does she live?	
Two details about Bruno	
What does she do on a Saturday?	
What does she hope to do?	

Coin grammaire: Plural possessive adjectives (les adjectifs possessifs pluriels)

▶ In Unité 4 you learned how to say *my*, *your*, *his* and *her* in French (see page 90).

▶ Now we will look at the plurals of these possessive adjectives: *our*, *your* and *their*. Remember that the form of the possessive adjective you use depends on the noun which follows it.

	before masc. sing. nouns	before fem. sing. nouns	before all plural nouns
our	notre	notre	nos
your (pl.)	votre	votre	vos
their	leur	leur	leurs

Notre stade est au centre-ville.   → You use notre, because stade is masc. sing.
Notre équipe va gagner.   → You use notre, because équipe is fem. sing.
Nos raquettes sont dans le grenier.   → You use nos, because raquettes is plural.

10.11 Écoutons maintenant!

What are the photos of? Listen and write the sentences in your copy, using the words in the columns below.

	notre	médailles
	nos	canoë
	votre	équipe de foot
Voici une photo de	vos	stade
	leur	champions
	leurs	chevaux

Lisons maintenant!

Les résultats! What do the headlines say? Write the number of the headline which says …

1 L'Irlande gagne au Stade de France!

2 Équipe suisse bat les Bleus à Roland Garros!

3 Chevaux français perdent à Longchamps!

4 France championne européenne de judo!

5 Jeune footballeur marque deux buts superbes!

a   French horses don't have a good day ☐

b   A new star scores well ☐

c   Switzerland has a good day in tennis ☐

d   France has a good outcome in Europe ☐

e   Ireland does well in France ☐

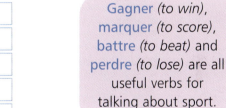

Gagner *(to win)*, marquer *(to score)*, battre *(to beat)* and perdre *(to lose)* are all useful verbs for talking about sport.

10.12 Écoutons maintenant!

Listen to six people say what sport they are going to watch on television and at what time. Fill in the grid.

	sport	time
1		
2		
3		
4		
5		
6		

Écrivons maintenant !

(a) **Lettre symbole !** Copiez et complétez la lettre ci-dessous.

Grenoble, le 12 juillet

Cher Danny,

Tu vas bien ? Comment va ta famille ? Ici c'est les grandes vacances. C'est super !

Je joue au tous les jours. C'est mon sport favori. Je suis membre d'une équipe.

En ce moment, nous gagnons nos matchs. Mon copain Alex est fantastique – il marque souvent

des buts. Nous sommes des supporters de Grenoble Foot 38.

En hiver, quand il neige, je fais du . Toute ma famille est sportive. Ma mère va

souvent à la piscine, car elle aime faire de la . Mon père préfère jouer au , mais

il perd souvent.

Ma sœur Amélie fait de la dans la salle omnisports. Elle s'intéresse aussi aux chevaux,

elle fait de l' .

Je suis membre du club des jeunes dans ma ville et j'y vais tous les mercredis pour jouer au .

Je fais du avec mon père le week-end. Il y a un club de vélo près de chez moi.

Et toi ? Qu'est-ce que tu aimes comme sports ? Tu habites à Limerick. Tu es supporter de Munster ?

Tu joues au ? Et ta sœur, Jenny, elle fait toujours de l' ?

C'est tout pour le moment. Écris-moi vite et donne-moi de tes nouvelles.

Amitiés,

Alexis

(b) Now write a letter to your **correspondant(e)**, Michel/Michèle, using the letter above as a model. Based on what you have learned in this unit, say as many things as you can about the sports you and your family play or like.

Communication en classe

▶ Bonne chance pour le match !

▶ Notre match commence après les cours.

▶ N'oubliez pas vos casques pour l'entraînement !

▶ Ne portez pas vos baskets dans l'école !

▶ Mettez vos sacs de sport dans le placard !

▶ Ne laissez pas vos crosses ici !

▶ Regardez les détails du concours sur le tableau d'affichage !

▶ Quel est le résultat ?

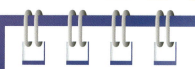

Mots clés

le ballon (m.)
le but (m.)
le concours (m.)
l'entraînement (m.)
l'équipe (f.)
le joueur/la joueuse (m./f.)
le maillot (m.)
la raquette (f.)
le résultat (m.)
le sac de sport (m.)
le stade (m.)
le terrain (m.)

Un petit quiz

Choose the correct answers.

1 Le Tour de France finit
   a au Stade Roland Garros   b au Stade de France   c sur les Champs-Élysées
   d à Longchamps

2 Pour regarder les courses de chevaux il faut aller
   a à un boulodrome   b à un hippodrome   c à un vélodrome   d à un aérodrome

3 Pour faire de la voile il faut porter
   a un casque   b un protège-dents   c un gilet de sauvetage   d un maillot jaune

4 Quand on joue au badminton, on utilise
   a un volant   b un ballon oval   c un ballon rond   d une boule

5 Quel pays ne joue pas dans le Tournoi des Six Nations ?
   a la Nouvelle-Zélande   b l'Irlande   c la France   d l'Italie

6 Quel sport ne se pratique pas généralement en été ?
   a le surf   b le ski nautique   c le patin à glace   d la natation

7 Les sportifs français sont
   a les rouges   b les bleus   c les verts   d les blancs

8 Sur le maillot des sportifs français, il y a toujours
   a un lapin   b un crocodile   c un ours   d un coq

Épreuve

Question 1

Match the signs to the pictures.

1	l'escrime	A			1	
2		B	la pétanque		2	
3	l'équitation	C			3	
4		D	l'athlétisme		4	
5	la natation	E			5	
6		F	le cyclisme		6	
7	le tir à l'arc	G			7	
8		H	le patin à glace		8	
9	la gymnastique	I			9	
10		J	la voile		10	

Question 2

Listen to these two teenagers and fill in the details about them.

Name	Robert Ducloy	Nathalie Letellier
Age		
Number in family		
One detail about where he/she lives		
Favourite summer sport		
Favourite winter sport		
Plans for the future		

Question 3

Read this poster advertising gymnastics classes and answer the questions below in your copy.

St-Michel Gymnastique Volontaire
septembre–décembre

Au gymnase du collège

Petits	4 à 6 ans	Vendredi de 17h15 à 18h15
	Reprise des cours vendredi 12 septembre	

Enfants	6 à 11 ans	Mardi de 17h30 à 18h30

Ados	11 à 15 ans	Mardi de 18h30 à 19h30
	Reprise des cours mardi 9 septembre	

À la salle omnisports

Gymnastique adaptée (seniors et adultes intéressés)	Lundi de 15h00 à 16h00
Gymnastique traditionnelle (adultes de tous âges)	Mercredi de 15h15 à 16h15

À la maternelle

Gymnastique traditionnelle (adultes de tous âges)	Samedi de 10h30 à 11h30
Reprise des cours 22 septembre – premier cours d' essai gratuit !	

Renseignements à la Mairie

1 When will these courses take place?
2 Where do all the courses for young people take place?
3 When does the course for teenagers start again?
4 On which day do classes take place in the nursery school?
5 What special offer is made to adults who start on 22 September?
6 Where can you get full information about the courses?

Question 4

Fill in the gaps with the correct prepositions and definite articles.

1 Je fais ____ ____ équitation quand il fait beau.
2 Ben joue ____ ping-pong dans la salle omnisports.
3 Est-ce que tu fais ____ ____ natation en hiver ?
4 Ma tante et mon oncle jouent ____ tennis en automne.
5 Notre cousin ne fait pas ____ athlétisme en été.
6 Ma grand-mère joue ____ boules.
7 Ils font ____ vélo au printemps.
8 Je suis énergique – je joue ____ hockey mardi, mercredi et dimanche.

Question 5

Can you say in which season these events take place?

1 Le tournoi des Six Nations de rugby est _____ _____.
2 Le tournoi de Wimbledon est _____ _____.
3 La finale du championnat de foot gaélique est _____ _____.
4 Les Jeux olympiques d'hiver sont _____ _____.
5 Le Tour de France est _____ _____.
6 Le Grand National de l'Irlande est _____ _____.

Question 6

Listen and answer the questions in your copy.

1 a What sport is being organised in Montpellier?
   b Between what dates will the tournament take place?

2 a In which sport did Alain Bernard and Frédérick Bousquet break world records?
   b In total, how many records were broken at the event?

3 a Which sport did these children take part in?
   b How much did the eight-week course cost them?

4 a What tournament is taking place in May?
   b For how many years has it been held?

Question 7

Fill in the gaps with the correct form of the verb prendre.

1 Je _____ ma raquette pour jouer au tennis.
2 Il _____ son casque pour faire du cyclisme.
3 Elle _____ l'autobus pour aller au centre équestre.
4 Vous _____ vos protège-dents pour le match de rugby.
5 Tu _____ une boisson fraîche après le match ?
6 Mes frères _____ le train pour arriver au stade ?

For help with this exercise, see page 289.

Question 8

Listen to Katie's email to her French pen-pal Céline, describing her holiday in France, and fill in the gaps.

De : Katie.P@eircom.net

À : céline234@orange.fr

Objet : Mes vacances en France

Date : 8 juin

Salut Céline !

Ça va ? Me voici dans une maison dans un village. Notre maison est près de la _____ et je fais de la _____ tous les jours.

Quand il fait beau, je joue au tennis avec mes nouveaux amis car il y a beaucoup de courts de tennis ici. Quand il fait _____, mon frère, ma sœur et moi jouons au _____ dans la salle omnisports.

Il y a beaucoup à faire ici : le _____, le golf et le badminton. Mon père aime jouer au _____. Ma mère et moi faisons du _____ le matin. Nous faisons du _____ l'après-midi. Mardi, nous allons à St-Malo pour faire de la _____ et du surf.

Écris-moi bientôt avec de tes nouvelles. Est-ce que tu t'entraînes encore avec ton _____ de foot pour la ligue à la fin de l'été ?

Il me tarde de te lire.
Katie

Question 9

Use the correct possessive adjective to complete each sentence.

1   Ils jouent pour _____ équipe de foot locale.
2   Mes cousins et moi adorons _____ club de tennis. C'est super !
3   Les Français portent des maillots bleus pour _____ matchs de foot.
4   Joanne et Marianne, prenez _____ baskets pour le match !
5   Vous jouez pour _____ équipe toutes les semaines.
6   Quand nous faisons de la voile, nous portons _____ gilets de sauvetage.

Question 10

Read the article and answer the questions below in your copy.

Enfants aux pieds d'or !

Part 1

Depuis quelques années, des recruteurs anglais visitent les clubs de foot français pour découvrir de jeunes footballeurs de talent. Par exemple, en 2008, un représentant de Chelsea visite l'ASPTT Marseille pour voir un jeune, qui s'appelle Jérémy Boga. Jérémy a douze ans. Le recruteur remarque ses très bonnes qualités et il part pour une semaine dans le centre d'entraînement de Chelsea. Après ça, le club anglais lui propose un contrat afin d'entrer dans leur centre d'excellence.

Part 2

Il était le joueur le plus jeune à partir comme ça. Beaucoup de jeunes footballeurs français partent dans des clubs étrangers, mais d'habitude, ils ont seize ans. Il y a beaucoup de jeunes footballeurs français à Arsenal et à Chelsea (Angleterre). La raison est très simple – l'équipe qui dirige le club aime avoir des Français. Des recruteurs de Liverpool vont souvent en Espagne trouver de jeunes joueurs.

Part 3

Et est-ce qu'ils sont payés ? Parfois, c'est leurs parents qui reçoivent de l'argent. Quelquefois, le club met l'argent sur un compte bancaire que le jeune ne peut pas toucher avant l'âge de dix-huit ans.

Part 4

Ce ne sont pas seulement les footballeurs qui sont recrutés. Dans le monde du tennis, on voit des jeunes de quatre à cinq ans recrutés pour un entraînement intensif !

1 Why do representatives from English football clubs visit French clubs? (Part 1)
2 What age was Jérémy? (Part 1)
3 What happened after he had spent a week at Chelsea? (Part 1)
4 What was unusual about his departure to Chelsea? (Part 2)
5 At what age do young footballers normally go abroad? (Part 2)
6 Where does Liverpool FC look for young talent? (Part 2)
7 At what age are the young recruits allowed access to their bank accounts? (Part 3)
8 In what other sport does early recruitment go on? (Part 4)

Visit
www.edco.ie/bontravail1
for interactive revision exercises

Unité 11

Amusons-nous!

Civilisation : Les passe-temps

▶ Teenagers everywhere like to enjoy themselves when they are not at school. As you will remember from Unité 3, the school day in France is probably longer than yours, so it is mainly at the weekend or on Wednesdays that French teenagers take time out for a passe-temps. Apart from sport, the most popular pastimes are listening to music, chatting to friends, reading, watching TV and using the internet. At weekends they like to go to the big shopping centres or into town to window shop (faire du lèche-vitrines).

▶ During their leisure time, French teenagers often go to their MJC – Maison des Jeunes et de la Culture – where they can meet up with friends. These centres are found in almost all towns and villages in France. One of their main functions is to provide activities for young people aged 12–18 years. A wide range of options is offered: cultural activities, such as painting, music and drama classes; educational activities, such as learning a new language or craft; and sporting activities, both team and individual sports. There will often be pool tables, table football and internet access. Usually there is a café where you can get soft drinks and snacks. Rooms may be available for music or drama practice. Some centres arrange outings, weekend trips or short holidays for those interested. MJCs are usually organised by the local council and membership is open to all in the community.

Lisons maintenant!

Comment se détendre! Read what these people like to do to relax. Write their names under the correct picture below.

Posté le: 18 juillet

 Manon Fatiguée! Je vais regarder «La France a un incroyable talent»! Mon candidat favori, c'est Michel. Qu'est-ce que tu fais pour te détendre?

Posté le: 18 juillet

 Thomas Regarder la télévision! Ennuyeux! Moi, je vais écouter de la musique sur l'Internet.

Posté le: 18 juillet

 Malik Moi aussi, je suis fatigué. Je vais lire un magazine de sport.

Posté le: 18 juillet

 Nicolas Pour me reposer, je ne regarde pas la télé, je ne lis pas de magazine, je n'écoute pas de musique. Moi, je vais surfer le Net.

Posté le: 18 juillet

 Camille Épuisée après l'entraînement! Pour me reposer, je vais envoyer des SMS à mes copains.

Posté le: 18 juillet

 Leila Qu'est-ce que je fais pour me détendre? Flâner en ville avec mes copains, peut-être prendre un café.

a _____ b _____ c _____

d _____ e _____ f _____

Lisons maintenant !

Here is the brochure for the MJC in St-Michel-sur-Loire. Read it and answer the questions below in your copy.

Maison des Jeunes et de la Culture
St-Michel-sur-Loire
Stages pour l'automne

Stage de mode et créativité

Quel est votre style ? Créez un nouveau tee-shirt – un nouveau gilet – un nouveau sac avec des impressions personnalisées ! Personnalisez vos vêtements ! Stage de 8 séances, 13–16 ans. Mercredi, 16h30–17h30.

Atelier de théâtre

Jouer avec sa personnalité, son imagination. Stage de 8 séances. Mercredi, 15h30. 11–14 ans. Seulement 20 places.

Stage de peinture

Travaillez avec des formes et des couleurs. Utilisez des média divers pour trouver votre vrai moyen d'expression. Stage de 10 séances. Mercredi, 11h00–12h00 (11–13 ans) ; 14h00–15h00 (13–16 ans).

Guitare électrique

Apprenez toutes les techniques liées à l'instrument. Vendredi 17h15–18h15 (débutants) ; 18h15–19h15 (1–2 ans de guitare).

Stage informatique/langue

Venez apprendre l'anglais dans un esprit super-convivial ! Combinaison des activités linguistiques et informatiques. Pour des ados 13–16 ans. Vendredi 17h30–18h30.

Danse hip-hop

Jeudi de 17h15 à 18h15 (11–13 ans) ; de 18h15 à 19h15 (14–16 ans). Apprenez à vous relaxer avec Mikie et Lou !

Et comme toujours !
Jeux de société

Échecs, jeu de dames, Monopoly, Trivial Pursuit, cartes – passez une heure avec des copains, tous les samedis matin. Dans le sous-sol. Samedi, 10h00–12h00.

Inscriptions pour tous les stages :

du mercredi 3 septembre au jeudi 4 septembre, 14h00–16h00

---

1 What item of clothing could you make if you went to the fashion and creativity course?
2 How many people can take the drama course?
3 How many sessions are there in the painting course?
4 Which language can you learn in the computer class?
5 Where do you go for the board games?
6 When should you register for the course you want?

Écrivons maintenant!

(a) Pick one of the following people and fill in the application form below to do one of the courses in the MJC.

Josette Hodemon
18 December 1997
22, rue de la Gare
- likes reading
- painting course

Claude Legrange
4 August 1998
14, avenue de la Poste
- likes listening to music
- electric guitar course

Antoine Delahaye
9 October 1999
Apt. 6 bis, Résidence Rambert
- likes watching TV
- drama course

Maison des Jeunes et de la Culture
49, rue de la Poste
St-Michel-sur-Loire

Fiche d'inscription

Nom _____   Prénom _____

Date de naissance _____ 19 _____

Adresse _____

Prénom(s) de parent(s) _____

Passe-temps _____

Nom du stage désiré _____

Jour _____   Heure _____

(b) Now pretend you want to enrol for one of the courses. Complete the application form with your own details. You can copy the headings into your copybook.

11.1 Écoutons maintenant!

Où est-ce que je dois aller? It's the first day of the new courses. Listen to the announcements and write down which room you go to for the following courses.

1   Dance class
2   Painting course
3   Computer course
4   Fashion and design course
5   Electric guitar class
6   Drama workshop

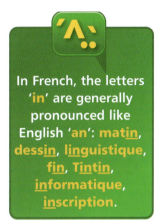

In French, the letters 'in' are generally pronounced like English 'an': mat**in**, dess**in**, l**in**guistique, f**in**, T**in**t**in**, **in**formatique, **in**scription.

Parlons maintenant!

(a) Faisons un sondage! Qu'est-ce que tu aimes faire pour t'amuser? Qu'est-ce que tu n'aimes pas faire?

Divide the class into groups of five/six people and ask each other the following questions. Start by asking the person on your immediate right. They will then ask the person on their immediate right and so on, until the whole group has finished.

Posez les questions
– Tu aimes aller …/danser/…?

Répondez
– Oui, j'aime …/Non, je n'aime pas …

	aime ✓	n'aime pas ✗
aller au cinéma		
danser		
écouter de la musique		
faire du shopping		
flâner en ville		
jouer d'un instrument		
lire des romans/magazines		
regarder la télévision/des DVD		
surfer le Net		
envoyer des SMS à tes amis		

(b) Quels sont les passe-temps préférés?

1   _____
2   _____
3   _____

(c) Put the findings of all the groups together and make a poster for the wall of your classroom with the results.

Civilisation : La musique

▶ Nowadays, most French teenagers listen to music on their iPod (l'iPod), phone (le portable) or mp3 player (le lecteur mp3). It's possible to download (télécharger) free music from the internet – try the site deezer.com/fr if you would like to hear French music.

▶ Many young people learn to play a musical instrument and of course they go to concerts (les concerts) and musical shows (les spectacles) featuring their favourite artists.

▶ In June of each year, the Fête de la Musique is held in every town and village throughout France. Concerts, street music, workshops and recitals are held, encouraging people to enjoy every type of music.

Les instruments
11.2 Écoutons maintenant !

Le groupe se présente. Listen to each person telling you which instrument they play and write the name of the instrument in the space provided.

le clavier

Nathalie

Laurent

la batterie

Luc

le piano

Marianne

la guitare

Alex

Noémie

la flûte

le violon

Coin grammaire : 'Jouer de'

- You use the verb jouer de to say you play a musical instrument.
- Jouer is a regular -er verb, and in this case it is used with the preposition de.

Rappel!
Révisez le verbe **jouer** à la page 275.

Attention!

① If the noun which follows jouer is masculine, de changes to du:
Exemple : Je joue du violon.
② If the noun is feminine, de changes to de la:
Exemple : Il joue de la guitare.
③ If the noun begins with a vowel, de changes to de l':
Exemple : Nous jouons de l'accordéon.

Exercice 1

Choosing one item from each drum, make eight sentences.

Rappel!
You use **jouer à** for playing a sport: see page 275.

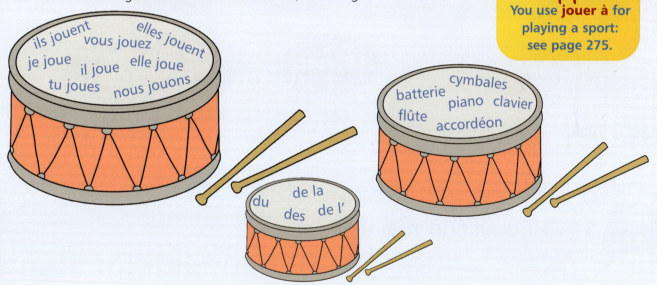

ils jouent   elles jouent   vous jouez   je joue   il joue   elle joue   tu joues   nous jouons

du   de la   des   de l'

cymbales   batterie   piano   clavier   flûte   accordéon

Écrivons maintenant !

Write a sentence about each of the people in the group you heard about in 11.2.

1 Alex joue de la guitare.
2 _____
3 _____
4 _____
5 _____
6 _____

La forme négative

Exemple : Je **ne** joue **pas** d'un instrument !

Exercice 2

Rewrite the following sentences in the negative in your copy.

1   Je joue dans un groupe.
2   Tu joues d'un instrument ?
3   Élise joue de la batterie avec ses amies.
4   Paul et Luc jouent de la guitare ensemble.
5   Maman joue du piano avec ma sœur.

Tu aimes la musique ? Quel genre ?

▶ What kind of music do you like?

la pop
le jazz
la techno
le rock
LE HIP-HOP
la musique classique
LE RAP
la musique traditionnelle

▶ French teenagers have their favourite singers (**les chanteurs/chanteuses**) and bands (**les groupes**). Some of these are French, but many come from abroad, and so they listen to American or English singers, which helps them when it comes to learning English! They read magazines such as Starclub and Teen People.

11.3 Écoutons maintenant !

Listen and complete the information for each person.

	favourite type of music	plays an instrument? ✓ ✗
Thomas		
Manon		
Nicolas		
Camille		
Leila		
Malik		

Lisons maintenant !

Read this profile of Sébastien Agius and answer the questions below in your copy.

NOM	Agius
PRÉNOM	Sébastien
NATIONALITÉ	français
DATE DE NAISSANCE	2 mars 1983
LIEU DE NAISSANCE	Nice
FAMILLE	père – musicien, mère – danseuse, deux frères – musiciens
PROFESSION	chanteur
INSTRUMENT	la flûte
PREMIÈRE DISQUE	2010 « Ma Chance »
GENRE DE MUSIQUE	jazz et pop

SON PARCOURS

Sa famille va habiter sur l'île de La Réunion dans l'océan Indien. Il écrit sa première chanson à l'âge de 14 ans. Il fait partie de la chorale de son école. Il étudie à Paris à l'École Supérieure du Spectacle pendant trois ans. Il va aux auditions de X Factor à Rennes, en Bretagne. Il gagne la finale de X Factor, le 28 décembre 2009. C'est la première version française de X Factor. Il admire les chanteurs Elton John, Michel Berger, Stevie Wonder et Michael Bublé. Il chante dans un concert gratuit le 11 juin 2010.

1 When was Sébastien born?
2 Give **two details** about his family.
3 What did he do in 2010?
4 What did he do at the age of 14?
5 For which choir did he sing?
6 What took place in Rennes in Brittany?
7 Why has he become famous?
8 What happened on 11 June 2010?

Civilisation: Le cinéma

▶ Did you know that the first public projection of a film in the world took place in France? The brothers Auguste and Louis Lumière pioneered their new invention, the cinématographe. They had worked for their father, who was a photographer, and after he retired they started experimenting with creating moving pictures. The first ever public viewing of a film took place in the Grand Café in Paris on 28 December 1895.

▶ How surprised they would have been if they could have visited the movie theme park Futuroscope! It opened in 1987. At that time it had the largest cinema screen in Europe – 600 square metres. Since then, the park has grown, adding new technologies. Situated near Poitiers, it is now the second most visited theme park in France. Visit its website www.futuroscope.com to see what's new each season.

▶ La Fête du Cinéma takes place in France every year, towards the end of June. It lasts several days, during which people are encouraged to go along to their local cinemas. Once you buy a ticket for one showing (une séance), you get un passeport which allows you to see all the other films for €3 a time!

▶ The annual Cannes Film Festival attracts thousands of tourists and many international film makers, who compete for the top award, the Palme d'Or. French film actors and actresses have found worldwide fame – Audrey Tatou, Marion Cotillard and Gérard Depardieu have starred in films outside France. Films such as Coco avant Chanel, Les Choristes, Persepolis and La Vie en Rose have been screened around the world and won international prizes.

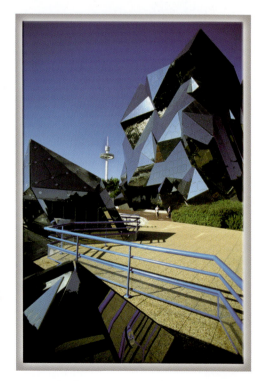

Quel genre de film est-ce que tu aimes ?

Lisons maintenant !

Read the advertisement for the Beaumont Cinema and answer the questions below.

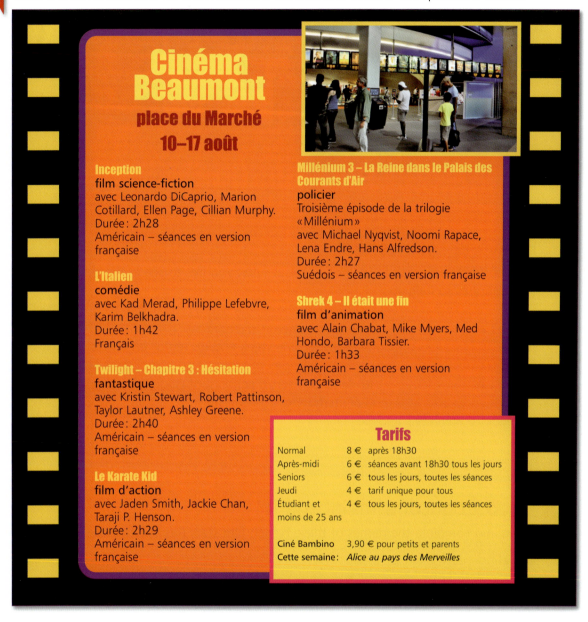

Cinéma Beaumont

place du Marché

10–17 août

Inception
film science-fiction
avec Leonardo DiCaprio, Marion Cotillard, Ellen Page, Cillian Murphy.
Durée : 2h28
Américain – séances en version française

L'Italien
comédie
avec Kad Merad, Philippe Lefebvre, Karim Belkhadra.
Durée : 1h42
Français

Twilight – Chapitre 3 : Hésitation
fantastique
avec Kristin Stewart, Robert Pattinson, Taylor Lautner, Ashley Greene.
Durée : 2h40
Américain – séances en version française

Le Karate Kid
film d'action
avec Jaden Smith, Jackie Chan, Taraji P. Henson.
Durée : 2h29
Américain – séances en version française

Millénium 3 – La Reine dans le Palais des Courants d'Air
policier
Troisième épisode de la trilogie « Millénium »
avec Michael Nyqvist, Noomi Rapace, Lena Endre, Hans Alfredson.
Durée : 2h27
Suédois – séances en version française

Shrek 4 – Il était une fin
film d'animation
avec Alain Chabat, Mike Myers, Med Hondo, Barbara Tissier.
Durée : 1h33
Américain – séances en version française

Tarifs

Normal	8 €	après 18h30
Après-midi	6 €	séances avant 18h30 tous les jours
Seniors	6 €	tous les jours, toutes les séances
Jeudi	4 €	tarif unique pour tous
Étudiant et moins de 25 ans	4 €	tous les jours, toutes les séances
Ciné Bambino	3,90 €	pour petits et parents
Cette semaine :	*Alice au pays des Merveilles*	

1 During which week are these films showing?
2 Which country produced the film *Millénium 3*?
3 Which is the shortest film showing and which is the longest?
4 At what time must cinemagoers start paying €8?
5 On which day of the week can everybody get in at a reduced rate?
6 Who can get into the cinema for €3.90?

11.4 Écoutons maintenant !

Listen and decide which film on page 311 each person will go to see.

| Thomas | Manon | Nicolas | Leila | Malik | Camille |

1 _____ 2 _____ 3 _____ 4 _____ 5 _____ 6 _____

Écrivons maintenant !

Write a short paragraph in your copy about what you like to see in the cinema. Here are some phrases to help you.

J'aime/J'adore	aller au cinéma.
Je vais	assez souvent/le week-end/de temps en temps.
Il y a un cinéplex	dans ma ville/pas très loin de chez moi/dans la ville voisine.
J'aime voir	les films policiers/d'action/fantastiques/de science-fiction/ d'animation/les comédies
Ma vedette préférée s'appelle …	

11.5 Écoutons maintenant !

Listen and complete the names of these French film stars (les vedettes de cinéma).

Daniel   _ _ _ _ _ _ _ _

Marion   _ _ _ _ _ _ _ _ _ _

Jean-Baptiste   _ _ _ _ _ _ _ _

Virginie   _ _ _ _ _ _ _ _

Juliette   _ _ _ _ _ _ _ _

Gérard   _ _ _ _ _ _ _ _ _ _

Civilisation : Les nouvelles technologies

▶ Just like all young people, French teenagers use technology a lot. Most French homes now have a computer (un ordinateur) and the use of the internet is increasing all the time. They have Facebook sites (une page Facebook) and blogs, just as you do.

▶ Young people use their mobile phones (les portables) to stay in touch with each other, to listen to music and to text each other. They have iPods (l'iPod), mp3 players (le lecteur mp3) and enjoy playing video games (le jeu vidéo).

In June 2010, there were 37.6 million French people over the age of eleven connected to the internet – 70.1% of the population, an increase of 10% on the previous year.

Lisons maintenant !

Five young people talk about using their computers. Read the passage and complete the sentences below.

 Robert, 13 ans : Pour moi, un ordinateur, c'est comme manger ou dormir – indispensable ! Tous les jours après l'école, je vais sur Facebook pour bavarder avec mes copains. Quelquefois, je poste des photos sur ma page.

Marie, 13 ans : J'utilise l'Internet pour faire mes devoirs. Je préfère écouter de la musique quand j'ai du temps libre.

 **Valérie, 14 ans :** J'adore mon ordinateur. Ma tante m'a offert un ordinateur portable pour mon anniversaire. Il est rose. Je passe beaucoup de temps à envoyer des courriels.

 **Olivier, 13 ans :** L'informatique est ma passion. Mes parents pensent que je passe trop de temps sur l'Internet. Je télécharge de la musique de l'Internet tout le temps. C'est pratique de faire ça !

 Albert, 12 ans : Je n'ai pas d'ordinateur chez moi. Donc, j'utilise l'ordinateur de mon cousin. Nous jouons à des jeux sur l'Internet le samedi après-midi.

1 Robert uses his computer to _____
2 Marie prefers to _____
3 Valérie got her laptop from _____
4 Olivier's parents think he _____
5 Albert and his cousin play _____

11.6 Écoutons et écrivons maintenant !

(a) Listen and fill in the gaps in Gérard's email.

De : gerard92@framail.fr
À : aoifemcg@eirmail.com
Objet : La technologie chez nous

Salut Aoife,

Devine ! Mon amie a un nouveau _____ . Elle est très contente.
Mon anniversaire est la semaine prochaine et j'espère recevoir un _____
comme cadeau d'anniversaire.

Chez nous, il y a un _____ dans la cuisine où je regarde des photos
de mes amis sur le site Facebook et je reçois leurs courriels.

Alain, mon cousin, vient ce soir pour chercher sa _____ chez nous.
Elle est ici depuis hier soir. Nous allons louer un _____ ce week-end
pour regarder en famille.

Ma _____ de jeux est cassée. Je ne suis pas content !

Pour mon devoir de géo, je dois trouver des détails du climat en Inde et en Chine.
Je vais utiliser _____ pour ça. Après, je vais regarder mon émission
préférée à la _____ ce soir.

Je dois terminer maintenant car maman veut télécharger de la _____
pour sa chorale. C'est tout pour le moment ! Envoie-moi un _____
bientôt avec toutes tes nouvelles !

Bisous,
Gérard

(b) Write back to Gérard, telling him the ways in which your family uses technology.

Lisons maintenant !

Read these reviews of video games and answer the questions which follow.

Maestro: Jump in Music
Ce jeu est super bien et il est très différent des autres. C'est un jeu musical. Il y a plusieurs options qui rendent le jeu convivial. Testez-le, je le recommande vivement.
Ma note : 18/20.
Maxime

Pékin Express : La route de l'Himalaya
Le graphisme est sympa et on apprend des choses en géographie. Mais je trouve que les mini-jeux sont trop répétitifs. Du coup, le jeu n'est pas agréable à jouer.
Ma note : 11/20.
Sébastien

Medieval Games
J'aime beaucoup ce jeu : il faut affronter les dragons et prendre un château. Les épreuves sont agréables à diriger et les décors très beaux.
Ma note : 17/20.
Laure

Machinarium
Sur une planète habitée par des robots, le joueur incarne un robot. Il est en pièces détachées et il doit d'abord se reconstruire puis retrouver sa femme. C'est un jeu assez difficile, mais je l'aime beaucoup.
Ma note : 17/20.
Quentin

Runaway: A Twist of Fate
Les décors sont beaux. Il faut trouver des objets et les utiliser pour avancer dans le jeu, mais j'aime ça. Je vois que deux autres opus sortent. Je vais les tester.
Ma note : 18/20.
Hugo

Empire: Total War
Ce nouvel opus te propose des batailles navales en temps réel. Il s'agit de la fondation de Jamestown, en passant par la guerre de Sept Ans ou la Révolution américaine. C'est un jeu très agréable et instructif !
Ma note : 18/20.
Justine

Which person

1 found the game was about sea battles and American history?
2 found the game involved capturing a castle?
3 found you learned a lot of geography, but it wasn't that enjoyable?
4 wanted to try out the other two games in the series?

Un peu de fun!

Est-ce que tu es accro à la technologie?
Coche ✓ **oui** ou **non**.

		oui	non
1	Est-ce que tu as un portable?		
2	Est-ce que tu vas sur Facebook tous les jours?		
3	Est-ce que tu télécharges de la musique?		
4	Est-ce que tu as une PS3 ou une Nintendo?		
5	Est-ce que tu utilises l'Internet pour tes devoirs de temps en temps?		
6	Est-ce que tu envoies des courriels pendant la semaine?		

Résultat: 4–6 Tu es un vrai accro!

Civilisation: La lecture

▶ Reading is a popular pastime among French teenagers, whether it is novels, magazines or comics.

▶ The annual Fête Nationale du Livre is held in October each year to encourage everyone to read. There are free talks by authors in cafés, libraries and bookshops. As a lot of people read while they are commuting, the train company, the SNCF, organises readings and lectures by authors and book illustrators in many of the main railway stations.

▶ Recently, the book-swapping trend (l'échange-livre) has caught on! This involves leaving a book in a public place, such as a café, community centre or railway station, and taking one in return if you wish.

▶ French people have always been great fans of les bandes dessinées (les BD), comic story books. Among the best known are the Astérix stories, the Lucky Luke series, Titeuf and Tintin. There are shops which sell nothing but comic books. There is also an annual festival in Angoulême devoted to this form of literature.

▶ More recently, Manga books have become very popular. These are Japanese comic story books which are all the rage among teenagers. Because of their Japanese origin, they quite often read from right to left or from the back of the book to the front! Many of the big bookstore chains now have special departments which sell only Mangas.

11.7 Écoutons maintenant !

C'est quelle personne ? Listen to these people talking about what they like to read and match them to the type of book they like. Write the number next to their name.

Thomas ☐ Leila ☐ Nicolas ☐ Camille ☐ Malik ☐ Manon ☐

1   2   3   4   5   6

Lisons maintenant !

Read the notice about a book exchange and answer the following questions.

Échange-Livres

Lieu : La Mairie de Trébrivan
Jour : Tous les lundis après-midi de 14h à 16h
Apportez un livre, prenez un livre ou simplement laissez un livre. Des livres français ou anglais et des livres pour les enfants et les ados.

1   Where does this event take place?   _____
2   On what day of the week?   _____
3   What is the public asked to do? (2 details) _____
4   What languages are mentioned?   _____
5   What types of books are suggested?   _____

Coin grammaire : The verbs 'écrire', 'dire' and 'lire'

- When the people in exercise 11.7 were talking about their favourite books, they used two verbs, écrire *(to write)* and lire *(to read)*, quite often. They are irregular verbs and must be learned. However, they are somewhat similar to each other, as is dire *(to say)*. These verbs are often learned together.

11.8 Écoutons maintenant !

Listen to how these verbs sound.

j'	écris	je	dis	je	lis
tu	écris	tu	dis	tu	lis
il	écrit	il	dit	il	lit
elle	écrit	elle	dit	elle	lit
nous	écrivons	nous	disons	nous	lisons
vous	écrivez	vous	dites (attention !)	vous	lisez
ils	écrivent	ils	disent	ils	lisent
elles	écrivent	elles	disent	elles	lisent

Exercice 3

Remplissez la grille ci-dessous.

écrire		dire		lire	
j'	écris		dis		
tu		tu		tu	
il		il		il	
elle	écrit		dit	elle	
	écrivons	nous			lisons
vous		vous		vous	
ils				ils	
elles		elles		elles	

Exercice 4

Make six sentences in your copy, using the words on the two computers below:

Paul écrit   Je lis
Charles et
moi écrivons
Ils disent   Maman dit
Vous lisez

un roman
les courriels
«au revoir»   «bonjour»
les lettres   beaucoup?

Lisons maintenant !

Tony fait un micro-trottoir pour sa classe. Il parle à Élodie.

Tony :	Est-ce que tu aimes lire ?
Élodie :	Oui, j'aime bien lire. Je lis tous les jours.
Tony :	Tu lis quel genre de romans ?
Élodie :	Moi, j'adore les livres de fantastique.
Tony :	Tu as un auteur favori ?
Élodie :	Eh bien, j'adore Stephenie Meyer, mais aussi j'aime des romans policiers et j'aime les romans de John Grisham.
Tony :	Tu as un roman préféré ?
Élodie :	Oui, la série *Twilight*.
Tony :	Tu lis des magazines aussi ?
Élodie :	Oh oui ! J'achète des magazines pour les ados, comme *Miss* et *Starclub*.
Tony :	Merci.

Écrivons maintenant !

Imagine your correspondant(e) wants to interview you about what you like to read, for a class magazine. Using Tony's interview as an example, imagine your replies to the questions and write them in your copy. Here are some more phrases to help you.

Je lis	tous les jours/quand j'ai le temps/pas très souvent
J'aime lire	les romans policiers/d'aventure/de science-fiction/ classiques/de la nature
J'aime lire les magazines	de mode/de cinéma/de sport/de technologie/de film
Mon auteur favori est ...	Je n'ai pas d'auteur favori.
Mon roman préféré est ...	Je n'ai pas de roman préféré.

Civilisation : La télévision

▶ Watching television is a very popular pastime among French people. In fact, it is the most popular leisure activity of all in France. According to recent statistics, French people watch on average 3 hours 11 minutes of TV per day.

▶ Thanks to satellite and cable, French viewers can access hundreds of channels. Many cities and regions have their own TV station (la chaîne), such as Normandie TV, Grand Lille TV, Télé Nantes.

▶ Many viewers (les téléspectateurs) in Ireland can watch the French stations TV5 and France 24.

▶ Young people watch programmes (les émissions) such as Star Academy, Fort Boyard, X Factor and La France a un incroyable talent. A very popular programme with young people is C'est pas sorcier (literally 'It's not rocket science'), which takes an unusual look at science and inventions.

▶ A glance at a magazine such as Télé 7 jours will show you how popular American and British series are: Desperate Housewives, Grey's Anatomy, Les Tudors, Les Experts Miami/Manhattan/Las Vegas (CSI) and FBI Portés Disparus (Missing) are all screened. You can look up the French websites of all of these programmes.

11.9 Écoutons maintenant !

Quelles sont leurs émissions favorites ? Écoutez et remplissez la grille ci-dessous.

		type of programme	day	time
1	Monsieur Lemaître			
2	Madame Dugor			
3	Claire			
4	Antoine			
5	Kévin			
6	Solène			

Civilisation : La danse

Dance is a popular pastime with many French teenagers – hip-hop, jazz ballet and of course ballet itself. Classical ballet, although it came originally from Italy, was made popular in France and nearly all the terms in ballet are of French origin – pirouette, arabesque, tutu. Nearly all MJCs offer dance classes and French teenagers are keen followers of dance series on television.

Lisons maintenant !

Read the article and decide whether the statements below are vrai (*true*) or faux (*false*).

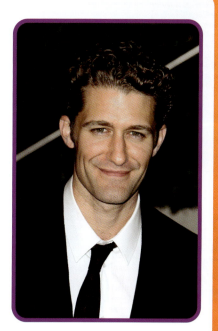

Glee est une série américaine. C'est une comédie dramatique. Chaque épisode dure quarante-cinq minutes. Will Schuester (Matt Morrison) est un professeur d'espagnol qui veut reconstruire le club de Glee au lycée McKinley High avec quelques jeunes qui sont pleins de talent. Les étudiants s'inscrivent dans le club car ils veulent être vedettes.

Cependant, les personnages sont humains et ont beaucoup de problèmes. Le chant est leur façon de se libérer. Il y a un tas de personnages dans l'émission, par exemple Finn. Il est le capitaine de l'équipe de foot et Rachel Berry est la chanteuse principale dans le club de Glee.

Madonna et Lady Gaga ont autorisé l'utilisation de leurs chansons dans l'émission. C'est une émission populaire et le nombre de téléspectateurs augmente tout le temps.

		vrai	faux
1	Each episode lasts forty minutes.		
2	Will Schuester is a teacher of Spanish.		
3	The students enrol in the club because they want to be actors.		
4	Finn is the captain of the Glee club.		
5	Madonna and Lady Gaga appear in the series.		
6	The number of viewers is decreasing all the time.		

Civilisation : Les collections

Many teenagers collect things – posters, match and concert programmes, key rings. Some towns and cities have a flea market, un marché aux puces, where you can pick up items for your collection.

11.10 Écoutons maintenant!

Qui collectionne quoi? Who collects which item? Link each person with their collection and complete the sentences below.

les autocollants de football

les aimants de réfrigérateur

Malik collectionne _____.

Manon collectionne _____.

Camille collectionne _____.

Nicolas collectionne _____.

Thomas collectionne _____.

Leila collectionne _____.

les porte-clés

les figurines de chevaux

les marque-pages

les pin's

Écrivons maintenant!

Et vous? Vous avez une collection d'objets? Laquelle? Écrivez quelques phrases sur votre collection.

Moi, je collectionne des …	
Je les collectionne depuis	six mois/deux ans/longtemps
J'ai	environ/presque/plus de …
Je garde ma collection	dans ma chambre/sur une étagère/sur un tableau d'affichage/dans une boîte/dans un album

Coin grammaire : The verb 'sortir'

- Going out with friends is a popular way of spending free time after school or at the weekend. For this, you need to learn the verb sortir *(to go out)*.
- Sortir is an irregular verb and must be learned par cœur.
- Don't mix this verb up with aller (see page 75), which simply means *to go*, or with partir, which means *to go* in the sense of *departing*.

11.11 Écoutons maintenant !

Écoutez le verbe sortir au présent.

je	sors	nous	sortons
tu	sors	vous	sortez
il	sort	ils	sortent
elle	sort	elles	sortent

Exercice 5

Fill in the missing parts of the verb sortir.

je		nous	
tu	sors	vous	sortez
il		ils	sortent
elle		elles	

Exercice 6

(a) Écrivez la forme correcte du verbe sortir.

1 Christophe ne _____ pas pendant la semaine scolaire.

2 Je _____ tous les vendredis avec mes copains.

3 Est-ce que vous _____ le week-end ?

4 Pat et Michael _____ ce soir.

5 Nous _____ à la MJC ensemble.

6 Est-ce que tu _____ avec tes parents à huit heures ?

(b) Now write the sentences au négatif in your copy.

Communication en classe

- ▶ Qu'est-ce que tu fais pour te reposer après les cours ?
- ▶ Qu'est-ce que vous faites le week-end ?
- ▶ Vous allez au cinéma ?/Vous regardez la télé ?
- ▶ Qu'est-ce que tu dis ?
- ▶ Dis « bonjour » à ta famille !
- ▶ Écrivez vos devoirs dans vos carnets !
- ▶ Écris-moi et donne-moi de tes nouvelles !
- ▶ Pour ce soir, lisez les deux paragraphes page 5.
- ▶ Qu'est-ce que tu lis en ce moment ?
- ▶ Vous sortez le week-end ?

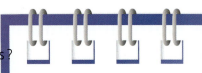

Mots clés

l'atelier (m.)
l'auteur (m.)
l'écran (m.)
l'émission (f.)
les jeux vidéo (m.pl.)
la lecture (f.)
l'ordinateur (m.)
la peinture (f.)
le roman (m.)
la séance (f.)
le stage (m.)
la vedette (f.)

Un peu de fun !

Choose ten words from the Mots clés and make up a wordsearch for your partner to do.

Épreuve

Question 1

Complete the sentences with the verb jouer and the correct preposition + article.

1 Liam et Mark _____ _____ _____ guitare avec un groupe.
2 Martin _____ _____ clavier au concert jeudi soir.
3 Je _____ _____ violon à la séance à l'école.
4 Est-ce que tu _____ _____ _____ batterie à la Fête de la Musique ?
5 Nous _____ _____ piano pour notre épreuve de musique lundi.
6 Vous _____ _____ _____ accordéon ?

For help with this exercise, see page 306.

Question 2

Listen to these five young people talking about what they like to do in their free time and what they don't like doing. Fill in the grid.

name	age	favourite pastime	one pastime not liked
Louis			
Hugo			
Lisette			
Chloé			
Isabelle			

Question 3

Write the correct forms of the verbs in brackets.

1. La fille (lire) _____ son roman avant de se coucher.
2. Cet auteur (écrire) _____ en anglais aussi.
3. David (dire) _____ «bonjour» dans son courriel.
4. Nous (lire) _____ les bandes dessinées le week-end.
5. Robert et Sheila (écrire) _____ des lettres pour leur Junior Certificate.
6. Ils (dire) _____ que les épreuves ne sont pas difficiles.
7. Est-ce que tu (lire) _____ tous les soirs ?
8. Est-ce que vous (écrire) _____ beaucoup de courriels ?
9. Je (dire) _____ toujours la vérité.
10. Hannah et Frank ne (lire) _____ pas de magazines.

For help with this exercise, see page 318.

Question 4

Listen and fill in the following details concerning Marion Cotillard.

Birthday: _____

Mother's job (one): _____

Number of brothers: _____

Type of product she promoted in 2009: _____

Pastimes when not working: _____

Award she won in 2008: _____

Question 5

Read the following book reviews and match each person's name to the description below of the book they read.

Mon chemin
Miley Cyrus raconte comment elle est devenue célèbre. Malgré le succès, elle est restée attachée à sa famille et à la campagne. *Le roman est drôle et agréable à lire. J'ai beaucoup aimé ce roman.*
Charlotte

Farces à Venise
C'est une histoire originale! Elle se passe à Venise au seizième siècle. La belle Zerbinette a beaucoup de prétendants, mais son père n'aime pas ça. *J'ai beaucoup appris sur l'histoire de ce siècle dans ce roman et je voudrais bien maintenant visiter Venise en Italie! Mais il y a trop de descriptions et ça manque d'action.* **Théo**

Les Éveilleurs
Jad et Gloria sont jumeaux. Ils cherchent leur mère, mystérieusement disparue le jour de leur troisième anniversaire. *J'ai trouvé que c'est une histoire originale, car elle se passe dans le futur.*
Je peux recommander ce livre à celles et ceux qui aiment les histoires avec un peu de magie. **Florence**

La Vie en Rouge
Taisen et Gandming habitent en Chine dans les années 1960. Ils sont adolescents; elle aime danser et il est passionné par les fusées. Mais l'école va fermer et ils vont devoir abandonner leur rêve pour apprendre à travailler la terre à la campagne. *J'ai trouvé que c'était un bon livre. Il montre la Chine au temps de Mao. C'est aussi une histoire d'amour amusante entre les deux personnages.* **Victor**

La Traversée
La mère de Margot a un nouveau partenaire, Bjarni. Il est islandais et il décide de les emmener en vacances dans son pays. Margot ne veut pas aller dans ce pays froid, mais des aventures imprévues l'attendent. *J'ai adoré ce roman, car il est plein d'aventures et d'humour. Et la fin du roman est vraiment super!* **Sophie**

Oasis dans la Pacifique
Partir sur une île pacifique pour bâtir une nouvelle société est le rêve d'une famille mexicaine pas ordinaire. *Il y a de l'aventure et un peu de science-fiction dans ce roman. Un bon livre, bien écrit et amusant.* **Robert**

Who reviewed …?

1 the story of a family who set off in search of a new life _____

2 the story of a young girl who goes to visit Iceland _____

3 the story of someone who has become a famous star _____

4 the story of the search for a missing parent _____

5 the story of a young girl in Italy many years ago _____

6 the story of two young people who have to adapt to a new way of life _____

Question 6

Read this article about how young people access video games in various countries in the world. Answer the questions below in your copy.

JAPON

Le plus grand salon de jeux vidéo du monde a lieu chaque septembre à Tokyo. Les jeunes Japonais peuvent essayer les jeux dernier cri avant leur arrivée sur le marché mondial.

ÉGYPTE

Qu'est-ce qu'on fait quand on n'a ni télé ni console ? Les jeunes Égyptiens trouvent la solution. Les enfants vont au souk (le marché) et louent l'accès à la manette par heure. Ça coûte moins cher et c'est pratique pour organiser des tournois sur le jeu de football PES, qu'ils adorent.

MEXIQUE

Le jeu vidéo sur portable est justement à la mode. En effet, un portable coûte moins cher qu'une console et il est très pratique n'importe où, n'importe quand – même dans la cour du collège !

INDE

Dans un pays où seulement 7% de la population a accès à Internet à la maison, le cybercafé est le lieu de rendez-vous pour beaucoup d'ados pour jouer à leurs jeux préférés.

BRÉSIL

Les ados du Brésil ont de la chance ! Les jeunes Brésiliens n'ont pas besoin d'aller au magasin acheter des jeux. Ils peuvent télécharger les jeux directement grâce au réseau du téléphone portable – le Zeebo. Hélas, le Zeebo n'est pas disponible en Europe.

1   What happens in Tokyo every September?
2   Where do young Egyptians go to access video games?
3   Give one reason why Mexicans play video games on their mobile phones.
4   Why are cybercafés so important in India?
5   Why can Europeans not use Zeebo?

Question 7

Choose the correct form of sortir to complete each sentence. Then translate it and write it in your copy.

1   Est-ce que tu (sort / sors / sortent) _____ à la MJC mardi soir ?
2   Je (sors / sortez / sort) _____ à sept heures.
3   Brendan et Kevin (sors / sortent / sortons) _____ au concert quelquefois.
4   Gérard (sort / sortez / sortent) _____ avec ses copains.
5   Marie et moi (sortent / sortons / sors) _____ au cinéma maintenant.
6   Est-ce que vous (sors / sort / sortez) _____ ce soir ?

Question 8

Listen to the television announcer describing this evening's programmes. Fill in the grid.

	type of programme	time screened
1		
2		
3		
4		
5		
6		

Question 9

Complete the letter, using the words in the box.

Avoca, le 10 janvier

Chère Émilie,

Merci pour ta carte de Noël et pour le _____. C'est super ! J'adore ce groupe. Tu sais que je joue de la _____ dans un groupe avec mes amis. Je vais suivre un stage en _____ qui commence la semaine prochaine à la MJC.

À part la musique, j'adore aller au _____. J'aime les films d'_____. Je vais voir Le Karate Kid ce week-end. Ma vedette _____ s'appelle Leonardo DiCaprio. Tu as une vedette favorite ?

Le soir, nous regardons la télé. Tout le monde a une émission préférée. Mon père adore les _____. Mon frère et moi regardons les _____ de musique.

Nous avons un nouvel _____ mais il y a toujours des disputes. Tout le monde voudrait l'utiliser en même temps ! Moi, je vais en ligne pour lire les messages sur Facebook, et pour _____ de la musique.

Tu aimes lire ? Tu as un auteur favori ? J'aime les _____ d'Eoin Colfer, un auteur irlandais. Ils sont fantastiques !

Je t'envoie un petit _____ pour ta collection. Tu en as combien maintenant ?

C'est tout pour l'instant.

Amitiés,
Caoimhe

romans
télécharger
CD
cinéma
musique rock
action
documentaires
émissions
ordinateur
guitare
favorite
porte-clé

Visit
www.edco.ie/bontravail1
for interactive revision exercises

Révision:
Les verbes irréguliers et le vocabulaire

aller *to go*
je vais
tu vas
il va
elle va
nous allons
vous allez
ils vont
elles vont

avoir *to have*
j'ai
tu as
il a
elle a
nous avons
vous avez
ils ont
elles ont

boire *to drink*
je bois
tu bois
il boit
elle boit
nous buvons
vous buvez
ils boivent
elles boivent

devoir *to have to*
je dois
tu dois
il doit
elle doit
nous devons
vous devez
ils doivent
elles doivent

dire *to say*
je dis
tu dis
il dit
elle dit
nous disons
vous dites
ils disent
elles disent

écrire *to write*
j'écris
tu écris
il écrit
elle écrit
nous écrivons
vous écrivez
ils écrivent
elles écrivent

être *to be*
je suis
tu es
il est
elle est
nous sommes
vous êtes
ils sont
elles sont

faire *to do/to make*
je fais
tu fais
il fait
elle fait
nous faisons
vous faites
ils font
elles font

lire *to read*
je lis
tu lis
il lit
elle lit
nous lisons
vous lisez
ils lisent
elles lisent

mettre *to put*
je mets
tu mets
il met
elle met
nous mettons
vous mettez
ils mettent
elles mettent

prendre *to take*
je prends
tu prends
il prend
elle prend
nous prenons
vous prenez
ils prennent
elles prennent

sortir *to go out*
je sors
tu sors
il sort
elle sort
nous sortons
vous sortez
ils sortent
elles sortent

venir *to come*
je viens
tu viens
il vient
elle vient
nous venons
vous venez
ils viennent
elles viennent

voir *to see*
je vois
tu vois
il voit
elle voit
nous voyons
vous voyez
ils voient
elles voient

vouloir *to wish/to want*
je veux
tu veux
il veut
elle veut
nous voulons
vous voulez
ils veulent
elles veulent

Exercice 1

Listen to the following sentences and fill the gaps with the correct verb and noun.

1   Je _____ à l'_____ tous les jours.

2   Ma _____ et moi _____ dix et onze ans.

3   Ève _____ du _____ de pomme pour son petit déjeuner.

4   Est-ce que vous _____ la _____ ?

5   L'auteur n'_____ pas un _____ .

6   Ma _____ et mon grand-père _____ vieux.

7   Ma _____ _____ le ménage.

8   Mes _____ _____ des bandes dessinées.

9   Est-ce que vous _____ le couvert pour le _____ ?

10 Ma mère _____ l'addition pour le _____ .

Exercice 2

Read the following extract from a letter. Find the six irregular verbs in the present tense and fill in the grid below.

> Tous les jours, je prends le train pour aller à l'école. Mon école est grande et agréable. Les élèves viennent de la campagne et de la ville. Nous devons beaucoup travailler pour nos examens. Nous avons nos épreuves en mai. Le week-end, nous sortons.

present tense	infinitive

Exercice 3

With your partner, write about your typical day, choosing six verbs from the irregular verbs listed on page 329.